Ele quando voltar

Revisão e Editoração Eletrônica
João Carlos de Pinho

Direção de Arte
Luiz Antonio Gasparetto

Capa
Kátia Cabello

4ª edição
Julho • 2000
10.000 exemplares

Publicação, Distribuição
Impressão e Acabamento
CENTRO DE ESTUDOS
VIDA & CONSCIÊNCIA EDITORA LTDA.

Rua Santo Irineu, 170
Saúde • CEP 04127-120
São Paulo • S.P. • Brasil
F.: (0_ _11) 5574-5688 / 5549-8344
FAX (0_ _11) 5571-9870 / 5575-4378
E-mail: gasparetto@snet.com.br
Site: www.gasparetto.com.br

RICKY MEDEIROS

quando Ele voltar

EDITORA e GRÁFICA
VIDA & CONSCIÊNCIA

Sumário

Dedicatória

Depois do sucesso de *A Passagem*, descobri um monte de novos amigos. Mas gostaria de dedicar este livro a alguns velhos amigos. Nos Estados Unidos, temos uma expressão que vou tentar traduzir: "Faça sempre novos amigos, mas conserve os antigos; os novos são de prata, porém os antigos são de ouro". Assim, quero citar aqui os meus velhos amigos de ouro, que, espero, permanecerão perto de mim por muito tempo: Verão (Everálvio de Jesus), Fernando Pellegio e Makarrão (Ângelo Ribeiro).

Há muitos outros, claro, mas faço questão de destacar estes nomes, e eles sabem por quê. A vida, como todos nós sabemos, é sempre cheia de surpresas, algumas agradáveis e outras nem tanto. Estes três amigos sempre foram surpresas muito agradáveis para mim.

Queria também dedicar este livro à minha esposa Sônia, que continua me agüentando, e às minhas filhas Juliana e Fernanda. E, claro, ao meu irmão Joe Medeiros. Infelizmente ele teve de passar para o outro lado para que a minha atenção fosse despertada para as coisas que o espírito podia nos ensinar nesta vibração terrestre.

Finalmente, dedico este livro a todos que leram *A Passagem*. Vocês deram a maior realização de minha vida. Obrigado.

Uma pequena história antes do livro

"Reconheça que sua imaginação, seu pensamento e seu senso perceptivo são canas maduras que as crianças cortam e fingem ser cavalinhos. Negue seus desejos e vontades, e um cavalo de verdade aparecerá sob você."

Jalaluddin Rumi, místico islâmico

"Um homem age conforme os desejos aos quais ele se apega. Após a morte, ele vai para o mundo seguinte levando em sua mente as impressões sutis de suas ações. E, depois de colher o que plantou, ele retorna novamente a esse mundo de ação. Assim, aquele que tem desejos continua sujeito à reencarnação."

Sukla Yajur Veda, Brihadaranyaka Upansihad 4.4.6

"E todo o que tiver deixado casas, ou irmãos, ou irmãs, ou pai, ou mãe, ou filhos, ou terras, por amor do meu nome, receberá cem vezes tanto, e herdará a vida eterna."

Mateus 19:29

Você que leu *A Passagem* sabe que escrevo com a ajuda de meu irmão Joe Medeiros. Ele passou para a vida espiritual quando tinha doze anos de idade, há mais de trinta anos. Em *A Passagem*, eu contei uma história real, que aconteceu alguns meses após sua morte. Ele escreveu uma mensagem na parede da casa de meus pais em Syracuse, Nova York. As palavras, escritas com giz de cera preto, diziam:

EU AMO MINHA MÃE, EU AMO MEU PAI. NÃO FIQUEM TRISTES E NÃO CHOREM POR MIM.

A mensagem terminava com o desenho de um enorme coração, dentro do qual estava escrito "JOE".

Vou contar uma outra história também verdadeira que aconteceu poucas semanas depois.

Eram mais ou menos sete da noite. Não lembro a data, mas tenho certeza de que era um dia de semana. Minha mãe me chamou de seu quarto para que eu ajustasse a imagem da televisão. Ela estava deitada quando entrei e em seu colo havia três páginas de uma carta.

Nós conversávamos enquanto eu mexia no aparelho. Ela disse que a carta era para uma amiga que vivia no Brasil, contando como tinha sido o funeral de meu irmão.

Finalmente, com a imagem da TV ajustada, deixei o quarto.

Alguns minutos se passaram e ela chamou novamente. "O que será que ela quer agora?", perguntei a mim mesmo.

Quando cheguei a seu quarto, ela me perguntou sobre a carta. Respondi irritado que não fazia a menor idéia do que ela estava falando. Minha mãe reclamou que a carta estava na cama quando eu entrei no quarto para mexer na TV, e agora havia sumido. Eu respondi que tinha visto a carta em seu colo quando consertei a televisão.

Minha mãe era e ainda é meio desligada. Algumas vezes ela se esquece de onde guarda cheques, certidões de nascimento e outros objetos importantes. (Uma vez ela perdeu cinco mil dólares em dinheiro. Ainda hoje evitamos tocar nesse assunto, que virou uma espécie de tabu.)

Ela estava muito aborrecida, repetindo que a carta era sobre o funeral de meu irmão e ela não queria escrever sobre isso de novo. Cheguei perto da cama e pedi-lhe que se levantasse. Tirei a colcha, com a certeza de que iria encontrar a carta.

Nada.

Tirei o cobertor. Nada.

Tirei os lençóis. Nada.

Olhei embaixo dos travesseiros. Nada.

Ela me olhou com aquele seu olhar aéreo, sem saber se era culpada ou não.

— A carta estava aí agora há pouco — disse ela, apontando para a cama. — Você mesmo viu. Não brinque comigo!

Minha mãe sabia que seus filhos brincavam com ela por causa de seu notório "desligamento". (Tenho de admitir que às vezes brincávamos mesmo, mas dessa vez era sério.)

Eu me ajoelhei e enfiei a mão debaixo da cama. Tinha certeza de que encontraria a carta lá. Tateando, senti alguma coisa quente. Eu a peguei e a puxei para fora: era a carta.

Mas a carta não era mais uma carta. As páginas estavam amassadas e torcidas em um nó. Minha mãe ficou assustada. Ela queria saber como aquilo podia ter acontecido. Olhei para seu rosto, e pela sua expressão eu sabia que não era obra de seu desligamento. Isso era outra coisa.

Decidimos então telefonar para Margaret Tice, que era médium e pastora do centro espírita em Syracuse. Ao telefone, minha mãe, com a carta amassada nas mãos, explicou o que havia acontecido.

— Preciso lhe fazer uma pergunta — disse a médium. — O que estava escrito na carta?

Minha mãe respondeu que a carta era para uma amiga no Brasil e descrevia o funeral de Joe.

— Não foi uma carta fácil de escrever — ela acrescentou.

A Sra. Tice disse que tinha sido Joe quem dera o nó. Ele levou a carta desta dimensão para a dele. Essa teria sido a razão de a carta estar quente quando a encontrei debaixo da cama.

— Por que ele faria isso? — escutei minha mãe perguntar.

— Ele está mandando uma mensagem. Está pedindo para você não pensar nele com tristeza e dor. Lembra o que ele escreveu na parede? — disse ela, referindo-se ao incidente ocorrido semanas antes. — "Não fiquem tristes e não chorem por mim."

A Sra. Tice explicou que, enquanto minha mãe escrevia a carta, ficava pensando em Joe de uma forma negativa, de uma forma que o prendia aqui.

— Ele está pedindo para ser liberado. Quando pensa nele com tristeza e dor, você o chama e o traz de volta. Ele tem muitas coisas para fazer. Ele tem seu próprio caminho para seguir. Libere-o, assim ele poderá evoluir e completar a missão para a qual seu espírito foi criado.

Este livro pretende trazer a você a mesma mensagem que Joe trouxe à nossa família: libertação.

Mas a libertação a que este livro se refere é mais difícil do que se desprender de um ser amado que morreu. O desprendimento deste livro é sobre a nossa libertação; libertação de nossos egos, de nossas vaidades e de nossas crenças. Leia cuidadosamente as três diferentes citações do início do capítulo. As três, de diferentes religiões, falam sobre desprendimento. Assim falará também este livro. Assim falou meu irmão Joe.

A Terra está sendo preparada para uma Nova Era, e nós precisamos nos preparar também. Comece a ler este livro desprendendo-se de seus dogmas, de suas crenças e de seus apegos. Espero que, quando você chegar ao fim, nós tenhamos começado o difícil processo de desligamento.

Introdução

"Estai preparados vós também, porque o Filho do Homem chegará na hora em que menos pensais."

Lucas 12:40

"Para a salvação dos corretos e a destruição dos maléficos e para firmar a Lei, eu renasço, era após era."

Bhagavad Gita, 4:8

O milênio está pegando mal. As pessoas estão enlouquecendo, procurando sinais do fim do mundo. Estão esperando que montanhas desabem, que os oceanos inundem a Terra e que bolas de fogo caiam do céu. Aí, para finalizar, algum lunático chamado de anticristo chega (supostamente de algum país obscuro do Oriente Médio, onde nem a CNN tem filial) para comandar as legiões das trevas. Ele destruirá tudo e todo aquele que estiver em seu caminho. E, quando todo o caos, destruição e confusão tiverem acabado, Jesus aparece, comandando os exércitos de luz. Ele então levará com ele os sobreviventes desse Armagedom para a Terra Prometida.

Por outro lado, temos os cientistas sociais, escritores de livros e roteiristas de filmes que prevêem um futuro frio e estéril, no qual os seres humanos serão pouco mais que uma peça insignificante de uma enorme máquina universal.

Me poupe!

Há e haverá mudanças na esfera terrestre. Mas essas transformações não são nada mais, nada menos que as conseqüências da evolução acontecendo na Terra. As mudanças que virão, as chamadas mudanças da Nova Era, serão físicas e espirituais. E se as montanhas desabarem, se os oceanos ferverem e as bolas de fogo realmente caírem do céu? O que quer que aconteça, não será por acidente, não será por acaso. O que quer que aconteça, acontecerá a todos nós.

Este livro é sobre um mensageiro que vem da mesma faixa iluminada de Jesus. Esse mensageiro entrará na faixa terrestre para nos ajudar a nos prepararmos para as mudanças que virão.

O que seria se tal mensageiro aparecesse hoje, agora, neste exato momento? O que aconteceria se ele chegasse sem a fanfarra, sem o oba-oba e os fogos de artifício que o pessoal do Apocalipse previu? O que aconteceria se ele aparecesse como apareceu da última vez, um homem comum, pregando uma mensagem de amor, compaixão e salvação?

Um mensageiro de luz encarnou há dois mil anos. Seu nome era Jesus. Mas a Terra era diferente naquela época. Jesus viveu e pregou numa pequenina região do mundo, e as pessoas que ele ensinou eram simples e humildes.

Não havia televisão, rádio, jornais ou Internet para transmitir em segundos para todo o mundo o seu rosto e as suas palavras. Ele falou com centenas de pessoas em pequenas vilas e cidades, não simultaneamente para milhões espalhados no planeta. Ele pregava com parábolas longas, não em entrevistas de trinta segundos feitas para os telejornais do século XXI. Há dois mil anos, ele bateu de frente com superstições, ignorância, interesses políticos e religiosos da época.

Hoje ele também iria bater de frente com superstições, intolerância, muitos interesses políticos e religiosos, e estaria disputando nossa atenção com a MTV, cento e cinqüenta canais de televisão e a HBO.

Quando Jesus andou na Terra, falou em uma só língua para uma única cultura e para uma única sociedade. Hoje, existem inúmeras culturas, subculturas e até sociedades dentro de sociedades. A aldeia global de hoje é muito mais complexa que aquele pequeno vilarejo da Galiléia.

O que diria esse mensageiro da faixa crística ao nosso mundo do século XXI? O que ele diria para este mundo materialista e dividido? Ele usaria aquelas difíceis parábolas de dois mil anos atrás? E, o mais importante, como nós o aceitaríamos? Compreenderíamos sua mensagem simples de amor, de redenção pessoal e de salvação? Nós o abraçaríamos como sendo a luz da felicidade ou o apedrejaríamos como se fosse um louco, um fanático ou um revolucionário? Em outras palavras, será que faríamos hoje o mesmo que fizemos a ele dois mil anos atrás?

Este é um livro inspirado. Eu o escrevi com a ajuda de espíritos iluminados que estão me usando para trazer para a vibração terrestre uma mensagem de esperança, de amor e de conforto. Eles estão me usando para fazer brilhar uma luz em nosso mundo, às vezes tão escuro e confuso. Esses espíritos querem dividir conosco um pouco de sua luz, para que possamos encontrar nosso próprio caminho para casa. Eles estão me usando para nos ajudar a nos preparar para as futuras mudanças terrestres. Eu, o chamado autor, não sou nada mais que um veículo humano através do qual vêm a sabedoria e a verdade que esses espíritos têm para oferecer.

Neste livro, ele voltou. Ele encarnou nesta aldeia global a qual chamamos Terra. Ele vive, anda e ensina. A mensagem que trouxe é a mesma de dois mil anos atrás, mas ainda assim ela será ouvida sem os filtros dos tempos, com preconceitos e interesses.

É claro que as situações descritas neste livro são fictícias. O enredo é meramente uma invenção dramática, usada para entreter e explicar. Mas essa é a única ficção; o resto é tão verdadeiro quanto a vida que você está vivendo.

Por favor, leia este livro com uma mente aberta, para que a luz que meus amigos espirituais oferecem possa enchê-lo de esperança, de verdade e de felicidade. Este é o desejo deles, assim como é também o meu, quando começamos juntos nossa jornada para casa. Porque, quando Jesus realmente reaparecer, trará junto todos os homens e todas as mulheres desta Terra, e a nacionalidade, a religião e a raça não terão a menor importância. Ele não virá em razão de um culto, de uma seita ou de uma nação; o mensageiro da luz e do amor virá para restaurar a fé em Deus e em nós mesmos.

Capítulo 1

Segunda-feira, uma data qualquer, ano 2015

UMA VIAGEM NO ASTRAL

"*...derramarei o meu Espírito sobre toda a carne; vossos filhos e vossas filhas profetizarão, os vossos anciãos terão sonhos, os vossos mancebos terão visões; e também sobre os servos e sobre as servas naqueles dias derramarei o meu Espírito. E mostrarei prodígios no céu e na terra, sangue e fogo, e colunas de fumaça.*"

Joel 2:28–30

"*Ele é o nunca-criado criador de tudo. Ele conhece tudo. Ele é pura consciência, o criador do tempo, todo-poderoso, onisciente. Ele é o Senhor da alma, da natureza e das três condições da natureza. Dele vem a transmigração da vida, a liberação, a servidão do tempo e a liberdade na eternidade.*"

Krishna Yajur Veda, Svetasvatara Upanishads 6.16

No bairro mais pobre da cidade mais rica do mundo, um padre ajoelha-se ao pé da cama. Com o terço na mão ele olha para um crucifixo simples de madeira pendurado sobre a cama.

O padre Jean é um estranho na América. Nos últimos vinte anos ele foi confessor, amigo e confidente dos milhares de pobres e esquecidos da cidade de Nova York, pessoas cujos antepassados foram arrancados de suas raízes africanas e se tornaram escravos. O padre vive com eles na pobreza e no esquecimento. Ele é pastor da Igreja Católica Apostólica Romana de São Paulo, no Harlem, em Nova York. E ele, como os ancestrais dos paroquianos, também veio da África.

Ajoelhado em seu quarto modesto e pouco mobiliado, o padre negro agradeceu a Deus pelo dia que terminara, pediu perdão por suas falhas e procurou sabedoria para o dia de amanhã. Acima de tudo, ele pediu uma orientação. O padre procurava uma luz que iluminasse sua alma confusa.

Ele estava sendo atormentado por visões e vozes que assombravam seus dias e suas noites. No início elas eram suaves e sutis, meros sussurros sem forma e sombras vistas do canto do olho. Mas, com o passar dos meses, os sussurros tomaram forma e a luz saiu das sombras.

Anjos sem asas falavam, dizendo que havia chegado o momento de preparar o mundo.

— Ele está na Terra — insistiam as entidades da luz. — E você pode ajudá-lo.

No começo Jean pensou que estava enlouquecendo. No entanto, havia uma urgência e uma realidade nas mensagens, convencendo-o de que ele não estava tendo alucinações. As mensagens eram verdadeiras. As visões e as vozes eram reais. Ele tinha certeza.

Mas ele estava com medo. A igreja franzia o cenho para visões e vozes. Por alguma razão, a igreja achava que revelações e profecias só cabiam no Velho Testamento.

O padre rememorou seus dias de seminário na África e os cursos especiais sobre crenças nativas.

Na África, diziam que os curandeiros eram possuídos por espíritos. Os curandeiros adoravam e reverenciavam as entidades espirituais. Às vezes, por meio de encantos e magias, invocavam essas divindades para intervir em assuntos terrestres.

Os professores do seminário ensinaram-lhe que os curandeiros não tinham contato nenhum com o além, eles eram apenas vítimas de suas próprias alucinações. Os padres diziam que as crenças tribais não eram nada mais que ritos pagãos, cujos praticantes brincavam com as forças negras de Satanás.

O jovem padre às vezes questionava essa contradição óbvia: seria alucinação ou o demônio?

No entanto, para ele isso era irrelevante. O padre era devotado a Jesus e acreditava que Cristo era o verdadeiro salvador da humanidade.

Agora, em dois mil e quinze, separado de sua terra natal por vinte anos e por um grande oceano, o padre negro chamou seu salvador.

— Em nome de seu filho Jesus — implorava ele a Deus —, mande-me a graça para entender. Mostre que o que vejo e o que ouço vêm de você. Prove para mim que as vozes e as visões pertencem à luz e não à escuridão. Mande um sinal mostrando que o que ouço em meus sonhos e o que vejo quando estou acordado é verdadeiro e é sagrado. Eu preciso ter certeza.

Por meses Jean sonhou com um homem que ele conhecia como Jesus. Esse homem disse ao padre que ele estava vivo e estava vivendo na Terra. Nesses sonhos a voz dizia:

— Todos vão entender o que tenho para falar. Mas apenas aqueles que estiverem prontos vão aceitar o que falo. Como na última vez, jogarei sementes ao vento, e elas irão pegar apenas onde o solo estiver pronto. Você pode ajudar a preparar o solo; eu quero explicar o que ficou mal entendido. É o momento: dois mil anos já se foram.

Todas as noites nos últimos seis meses o padre rezava pelo sinal. Ele precisava saber se não estava sendo enganado pelo seu próprio ego ou por legiões das trevas.

"Não vou anunciar um anticristo e não serei vítima de meu próprio orgulho", refletiu. "Se devo espalhar essa mensagem, Deus, preciso saber que ela é de você."

Jean raramente rezava para si mesmo. Aos quinze anos, entrou para o seminário porque sabia que Deus o havia chamado para viver sua vida como Jesus viveu.

Aos vinte e dois anos, ele dividiu com seu rebanho a alegria, a paz e a harmonia que encontrou em Jesus. Por meio de canções, danças e risos, o padre levou a seus paroquianos um Jesus que não era um pedaço de gesso afixado numa cruz, mas um espírito vivo que fazia parte de suas vidas. Ele viajou por todo o continente africano, dizendo a milhões de pessoas que Jesus estava vivo em todos e em cada um deles.

"Jesus era o filho de Deus. Nós também somos. Nós somos um com Ele, e através Dele somos um com Deus e um com o outro", era como ele terminava suas missas.

No Harlem, aos quarenta e cinco anos, ele era amado por seus paroquianos. Ajudava-os a enxergar além da rotina maçante de suas vidas e além do rancor de ser pobre numa nação rica. Por isso, a igreja de São Paulo ficava lotada todos os domingos com pessoas que procuravam sua alegria, seu conselho e sua amizade.

Agora ele estava sendo chamado por forças desconhecidas para preparar o caminho para um Jesus que não vivia somente dentro de nós. Agora ele vivia também entre nós.

Quando Jean foi para a cama, ficou esperando ansiosamente pelo sonho daquela noite. Ele limpou a mente e colocou de lado seus medos, dúvidas e desejos. Esvaziou e rendeu sua alma a Deus. O padre não sabia, mas estava prestes a viajar para o mundo astral, o mundo dos espíritos.

Se você estivesse naquele pequeno quarto e se seus sentidos pudessem sintonizar as vibrações elevadas, veria o espírito de Jean sincronizado com as mais elevadas e puras freqüências, desligando-se vagarosamente de seu corpo adormecido, permanecendo ligado apenas por um cordão fino de prata brilhante. Você veria o espírito de Jean flutuar suavemente para cima. E ao seu redor você veria anjos e guias espirituais da mais pura luz protegendo-o nessa viagem.

Essa era uma experiência inédita, mas ele permaneceu consciente durante cada etapa da viagem espiritual. Olhando para baixo, viu o cordão que ligava seu espírito flutuante ao corpo adormecido pulsar com energia. Ao seu lado, via os anjos que o guiavam cada vez mais alto ao destino final.

Durante o trajeto, uma voz calma, vinda de algum lugar, pedia-lhe para relaxar:

— Jean, acredite em nós e em você mesmo. Estamos levando-o a um lugar especial, a uma vibração da mais intensa luz e verdade. Chegou a hora de você conhecer sua missão. Há trabalho pela frente, e você precisa estar preparado. Suas perguntas serão respondidas, não se preocupe. Você está na luz e encontrará o que está procurando.

Jean, um padre católico negro que veio da África para trabalhar nos guetos do Harlem, imediatamente soube que ele não era apenas isso. Naquele momento ele soube que sempre tinha sido muito mais. Ele enxergou além dos rótulos, além dos muitos nomes e identidades que carregava consigo, em suas várias encarnações na esfera terrestre. Em um breve e divino segundo de consciência, ele se transformou naquilo que sempre soube que era: um espírito eterno. À sua volta giravam cores vivas com uma pureza e uma harmonia que ele nunca vira antes, e por meio dessas vibrações caleidoscópicas sentiu a serenidade, a segurança e a harmonia da criação de Deus.

Jean chegou ao que parecia ser um quarto branco. Mas era um quarto diferente, sem limites, com infinitas paredes, um teto interminável e um chão sem fim. Seus sentidos não podiam assimilar o que estava acontecendo, então ele se rendeu à corrente de paz que tomou conta de sua alma. Ele estava sozinho naquele quarto, mas sabia que era um com o Universo. Ele sentia que estava no centro da criação.

De repente, do nada e de lugar nenhum surgiu um homem. O padre imediatamente percebeu que não era um homem de carne, osso e sangue. Jean estava vendo uma imagem, e era a imagem de seus sonhos.

O homem devia ter uns vinte e tantos anos. Tinha cabelos escuros e cheios, estava bem bronzeado e tinha mais ou menos um metro e oitenta de altura. Seu rosto era suave, confortante e sereno, os olhos de um azul profundo.

Ele se aproximou de Jean, tomou suas mãos e colocou-as entre as suas. As mãos do homem eram longas e finas. O padre sentiu um poder forte porém doce emanar daquelas mãos. Seu olhar penetrava profundamente os olhos de Jean. Sem mexer os lábios, o homem disse:

— Oi, Jean. Fico feliz por sua vinda. Eu o conheço desde o início dos tempos, mas acho que esta é a primeira vez que a gente se encontra pessoalmente. Nós sempre nos conhecemos. Eu, você e todos os seres vivos somos um com o Criador e ligados uns aos outros. Muitos espíritos da vibração terrestre se esqueceram desta ligação. Mas não tem problema: essa é uma das razões por que voltei.

Petrificado, o padre ouvia atentamente o que o jovem dizia, e cada palavra o atingia como um raio.

— Eu voltei para ajudar os espíritos do plano terrestre. Eles têm medo. Medo da morte e medo da vida. Por causa desses medos, as almas terrestres se esqueceram do que são, construindo muros à sua volta, e agora não conseguem encontrar a saída. Eu voltei para trazer a luz.

Jean sabia quem era aquele homem.

Lendo os pensamentos do padre, o jovem disse:

— Desta vez será diferente, mas ao mesmo tempo será a mesma coisa. Eu não vim para mostrar um caminho novo, mas sim para ensinar a andar de um jeito novo no caminho velho. Dois mil anos já se passaram. A Terra e a criação de que ela faz parte mudaram.

O homem envolveu Jean com sua vibração simples, pura e harmoniosa. E continuou:

— A Terra está entrando em uma nova era. Os espíritos humanos estão confusos. Eles anseiam por novas respostas para velhas perguntas. Sua dimensão terrestre foi preparada para a minha volta. Nunca houve tanto interesse pelo invisível e pelo inexplicável. Eu darei aos espíritos terrestres as respostas que eles tão desesperadamente procuram. Todos entenderão minhas palavras, mas apenas aqueles que estiverem prontos irão aceitá-las.

O jovem pousou o braço no ombro de Jean, abaixou o tom de voz e falou diretamente à alma do padre:

— Muitos foram chamados. Mas, como sempre, poucos retornaram minha ligação. Você foi um deles. Há outros. Quando chegar a hora, eles vão aparecer. Mas você tem uma tarefa difícil pela frente. — O homem sorriu para Jean e acrescentou: — Você vai anunciar ao mundo que eu voltei.

Aquelas palavras ecoaram na alma do padre. Ele não podia acreditar no que estava ouvindo. Olhando para o jovem atlético, indagou:

— O que eu preciso fazer? Por que eu? Quem vai me ouvir?

Eu não posso fazer isso. Eu não sou ninguém. Dê sua mensagem para o papa, ele é o líder de sua igreja na Terra. Eu sou apenas o pastor de uma pobre igreja de negros.

Com um sorriso largo, o jovem respondeu:

— Bem, eu sou igual ao meu Pai. Escrevo direito por linhas tortas.

Jean esperava uma resposta um pouco mais séria. Com seus olhos azuis cintilantes, o homem fitou um ponto distante e continuou:

— Eu não tenho religião. Não pertenço a nenhuma seita. Não assinei contrato de exclusividade com nenhuma igreja ou templo. Eu pertenço a todos. Eu não sou cristão, judeu, hindu, muçulmano, budista ou pagão. Eu sou tudo e mais um pouco. Minha verdade está em todos os lugares. Você acha que há uma religião oficial deste lado da vida? Alguém realmente acredita que existe uma fé ou uma igreja levando meu selo de aprovação? Neste lado da vida, religião não significa nada. Aliás, nesta dimensão, religião nem existe.

— Mas por que eu? — O padre queria uma resposta.

— Como eu disse, muitos foram chamados, poucos responderam. Muitos ouviram minha voz em seus sonhos, mas poucos estavam prontos para ouvi-la em suas almas. Apenas alguns foram capazes de deixar de lado suas vaidades e seus egos para ouvir a verdade que trago. Poucos enxergaram além de suas ambições terrestres para ver as visões do espírito.

Olhando no fundo da alma do padre, o homem continuou:

— Você, Jean, me vê em todo lugar. Você se lembra do que eu ensinei? "Abençoados são os pobres de espírito." Você é pobre de espírito. Seu espírito não flerta com as bobagens e o orgulho da Terra. Você é abençoado porque seu espírito é pobre de apegos. Seu espírito é pobre de desejo.

— O que você precisa? — perguntou o padre em estado de choque.

O homem começou a caminhar, fazendo sinal para que o padre o seguisse. Ele levantou o braço esquerdo, varrendo o branco infinito que os cercava.

A Terra apareceu. Estava bem longe, uma bola azul solitária

suspensa na escuridão do universo. O padre estava espantado. Ele e o homem moreno estavam flutuando no espaço, observando o planeta girar lentamente em seu eixo. Jean esperava avidamente as próximas palavras do jovem a seu lado.

— Coloque isto em sua cabeça: mudança não é boa nem ruim. É simplesmente o resultado do que veio antes.

Apontando para a Terra, pediu ao padre que prestasse muita atenção. De repente, a Terra transformou-se numa tela de cinema gigantesca, mostrando imagens geradas por um projetor invisível.

Na tela, a história do planeta era contada, começando com os primeiros grupos tribais ao redor de uma fogueira e passando para as guerras, triunfos e tragédias da raça humana. Daquele ponto privilegiado, Jean compreendeu que os triunfos e as tragédias eram iguais, nem bons nem ruins. Todo acontecimento era uma conseqüência do que veio antes, um círculo contínuo e inquebrável, em que um evento alimenta outro. A roda do tempo girava e girava, implacável, indestrutível, sempre mudando.

— Na história da dimensão terrestre, nunca houve tantas mudanças num espaço de tempo tão curto — explicou o jovem. — No entanto, há coisas que nunca mudam. Hoje, por exemplo, as pessoas se comunicam instantaneamente com o outro lado do mundo, mas em compensação nunca estiveram tão isoladas umas das outras.

Enquanto ele falava, uma família apareceu na tela da Terra: pai, filho, filha e mãe. Cada um vivia num mundo particular: em seu dormitório, o filho surfava pela Internet, a mãe entretinha-se com um filme em seu quarto, o pai assistia a um jogo na sala e a filha falava ao telefone, cada um em seu próprio mundo, um isolado do outro.

A narração do homem continuava enquanto a Terra girava.

— Pela primeira vez na história da Terra, o conhecimento é de fácil acesso. Mas, por outro lado, o homem nunca esteve tão ignorante.

Jean viu conflitos raciais, crimes de ódio e cenas de fanatismo religioso passando na tela da Terra. O rapaz continuou:

— Na esfera terrestre, os humanos estão sempre descobrindo novas e avançadas tecnologias. Mas os homens são prisioneiros, porque seus espíritos estão acorrentados a seus próprios egos. Eles transformaram a Terra numa enorme comunidade ligada por satélites, aviões e comunicação instantânea. Mas eles se debatem em relação a suas diferenças ao invés de se unirem em torno do que têm em comum. As pessoas se reúnem em grupos, vendo virtude e justiça apenas em suas próprias necessidades, crenças e desejos. A humanidade construiu uma grande aldeia interligando milhares de tribos diferentes. Mas o homem se isola um do outro. Agindo dessa forma, ele corta a ligação com Deus. Por quê? Porque todos são espíritos criados pelo Senhor. Sendo assim, todos têm uma ligação divina um com o outro. Se vocês se isolam entre si, também se isolam de Deus.

Enquanto a bola azul girava lentamente, o padre viu imagens de brancos lutando com negros, mulheres brigando com homens e religiões guerreando entre si. As cenas o faziam lembrar os telejornais terrestres.

A imagem da Terra foi se desvanecendo lentamente. Em seu lugar reapareceu o quarto branco sem paredes. O jovem de cabelos pretos, com seu braço ainda sobre o ombro do padre, continuou falando:

— Essas são apenas algumas das razões por que voltei. O homem está pronto. Seu espírito anseia pela verdade. Devagar ele está percebendo que suas invenções, seus confortos e suas conquistas terrestres trazem apenas um alívio temporário para seu vazio.

O padre concordou balançando a cabeça enquanto continuava prestando atenção às palavras do rapaz.

— Todo dia nasce uma nova religião, culto ou seita. Apesar disso, o espírito humano continua a clamar por respostas. Chegou a hora, Jean, de ajudar os espíritos terrestres a se religar entre si e, conseqüentemente, com Deus. Eu os ajudarei a sair das cavernas de medo que construíram para si mesmos.

O padre caiu de joelhos, inclinou-se para a frente e beijou as mãos longas e finas do jovem.

— Obrigado, Jesus — foi tudo que o padre conseguiu falar.

O homem respondeu em um tom deliberadamente lento:

— Eu sou quem você pensa que sou. Eu sou Jesus para alguns. Buda, Krishna ou Maomé para outros. — O jovem riu e comentou: — Para alguns eu serei até mesmo o próprio demônio. Como eu disse: eu sou quem você pensa que sou.

— O que você quer que eu faça? — perguntou o padre, ainda ajoelhado.

— Nada muito difícil — respondeu ele sorrindo. — Quero dizer, você não vai ter que abrir o Mar Vermelho nem transformar um cajado numa cobra. Essas coisas eram de uma outra época, dirigidas para um outro povo. Hollywood pode fazer esses efeitos especiais muito melhor, então por que competir com Spielberg?

Ele então pôs suas mãos sobre a cabeça do padre e daquelas mãos fluiu uma energia intensa de pura luz.

De volta à vibração terrestre, Jean dormia enquanto seu espírito reentrava no corpo. Em algumas horas, por volta das seis da manhã, o corpo iria acordar. Jean saberia que Deus havia respondido às suas preces. O sinal estava dado.

E um novo dia estava raiando, enquanto a roda do tempo girava e girava, sem parar, inquebrável, sempre mudando.

Capítulo 2

Segunda-feira, o mesmo dia, ano 2015

O COMEÇO DO FIM

"*Eu, que sou a luz, vim ao mundo para que todo aquele que crê em mim não permaneça nas trevas. E, se alguém ouvir as minhas palavras e não as guardar, eu não o julgo; pois eu vim, não para julgar o mundo, mas para salvar o mundo.*"

João 12:46–47

"*Eles são para sempre livres, quem renuncia a todos os desejos egoístas e desprende-se da jaula-ego do "eu", "me" e "meu" para ser unido com o Senhor. Este é o estado supremo. Consiga isso e passe da morte para a imortalidade.*"

Bhagavad Gita, 2:71

Quatro pessoas estavam sentadas no escritório impecavelmente decorado, uma delas atrás da escrivaninha e as outras três num sofá grande e confortável de couro. Todos olhavam para uma TV de trinta e seis polegadas, ouvindo um pregador. Suas palavras enchiam a sala e o homem atrás da escrivaninha olhava freqüentemente para os três enquanto o vídeo passava. Ele notou que, seguindo suas instruções, eles estavam prestando muita atenção ao que o pregador dizia na TV.

— Estou aqui esta noite para responder às suas perguntas — dizia a voz da televisão. — Mas antes de começar há uma coisa que quero dizer. O Reino de Deus não vem através de mim. Tampouco de outra pessoa. O Reino de Deus está dentro de vocês e só vocês podem encontrá-lo. A felicidade, o contentamento, a paz que Deus prometeu não vêm de fora, vêm de dentro. As pessoas que prometem que Deus prometeu não podem entregar a mercadoria. Nem eu posso. Eu posso mostrar, ajudar e ensinar, mas só vocês podem decidir se a minha verdade é a sua verdade, se o meu caminho é o seu caminho. O que é correto para um pode não ser para o outro. Não há um caminho certo, como também não há nenhuma religião certa. Então, tomem cuidado quando ouvirem alguém pregando que seu caminho é o único caminho para a felicidade, a salvação e a iluminação. Eu estou lhes dizendo: há vários caminhos, e nenhum é mais certo ou mais sagrado que outro.

O pregador parou e olhou para seu público. Havia quase duzentas pessoas enfiadas na sala onde o encontro estava acontecendo. Constatando que não havia perguntas ou dúvidas, ele continuou seu sermão.

— Todo mundo nasce com o livre-arbítrio. Em outras palavras, todos têm o poder da escolha, que é um grande presente divino. Mas, ao mesmo tempo, esse poder é um grande desafio, porque através da escolha vocês podem cortar os ciclos repetitivos de nascimento, morte, renascimento, morte e renascimento. Porém, para isso acontecer, vocês têm que entender que suas ações e escolhas têm conseqüências. E vocês sentirão os resultados de suas ações tanto nesta encarnação quanto nas próximas.

As mais ou menos duzentas pessoas espremidas dentro da pequena sala do humilde barraco de madeira prestavam muita atenção ao jovem pregador de cabelos negros. A câmera escondida gravando o encontro captou seus rostos e o profundo interesse dedicado àquele jovem.

— Eu sou um mensageiro. Eu sou um exemplo. Eu sou uma luz iluminando um dos muitos caminhos. Se você escolher o meu caminho, ande por ele com todo o seu coração. Não porque sua esposa, esposo ou amigo está querendo. Ande porque este é o caminho certo para você. Há diferentes verdades e diferentes caminhos. Use o livre-arbítrio dado por Deus, para escolher o caminho certo para você.

O microfone da câmera escondida captou o suave murmúrio

do público. Até aquele momento, ninguém havia interrompido o discurso com perguntas ou comentários.

O pregador parou e sorriu. Depois de uma pequena pausa, sua voz suave e serena continuou a envolver as duas salas: a do barraco em que ele se encontrava e a do escritório onde ele era visto por videoteipe. Os que assistiam do escritório estavam grudados à tela da televisão e os que se encontravam no barraco estavam deslumbrados pela sua presença.

— A verdade é uma coisa engraçada. Cada um tem a sua — ele começou. — Há dois mil anos foi dito: "A menos que se nasça da água e do Espírito, não se poderá entrar no Reino de Deus. Aquele que nasce da carne é carne, e aquele que nasce do espírito é espírito".

— Bom, isso é verdade. Mas cada pessoa que lê essas palavras vê uma verdade diferente. Alguns querem afogar você na água! Eu pergunto: o que isso tem a ver com o Reino de Deus? Outros querem que vocês nasçam de novo em Cristo, mas Cristo nunca falou nada disso. O que ele disse foi: vocês têm que renascer da água e do Espírito. Então, vocês estão vendo: verdades diferentes para pessoas diferentes. Mas a verdade é uma só. Nosso espírito tem realmente que nascer de novo, e de novo, e de novo, até que, como a água, ele esteja limpo de seu próprio ego, de suas vaidades, preconceitos e impulsos materiais. Nosso espírito precisa se livrar das vibrações desta esfera para poder progredir até as vibrações mais elevadas.

Até aquele momento, a câmera estava num plano aberto, mostrando o pregador, alguns assessores e cerca de duzentas pessoas enfiadas na sala superlotada. Neste instante, a poderosa lente passou a enquadrar somente o pregador.

— O espírito, a alma, ou seja qual for o nome que vocês queiram dar, precisa nascer várias vezes até acertar. O espírito, que é parte do Espírito divino, precisa nascer nesta vibração terrestre até que esteja pronto para progredir no universo.

O rapaz deu uma olhada em sua volta para certificar-se de que o público estava conseguindo acompanhar seu discurso. Ele não queria ficar muito adiante deles. Sentindo que todos o estavam entendendo, ele continuou:

— A Terra foi criada milhões de anos atrás e ocupou um lugar no universo. Espíritos afinados com a vibração terrestre encarnavam em corpos físicos para viver nesta dimensão. E, por milhões de anos, espíritos têm visitado a escola da Terra, primeiro como homens da Idade da Pedra aprendendo as duras lições oferecidas por um meio ambiente cruel e perigoso. Aos poucos, eles aprenderam a se comunicar uns com os outros. Aprenderam também que precisavam unir-se para sobreviver. Aqueles espíritos aprenderam a lição da fraternidade e, com o passar do tempo, o homem começou a procurar as respostas para sua existência. Ele inventou suas primeiras religiões: deuses do fogo, da água, das florestas e das montanhas. E mesmo nessas primeiras crenças havia um conceito verdadeiro: o homem era apenas uma parte de um todo maior.

— Mas vocês têm que entender que, embora o espírito humano tenha evoluído, ainda não é perfeito. Vocês carregam, assim como carregaram nos primeiros dias da Terra, as vibrações negativas de ciúme, ódio, vaidade e raiva. E às vezes suas ações são movidas não pelo amor mas pelo ódio; não com harmonia mas com raiva. Vocês precisam aprender que há conseqüências para seus atos.

Ele olhou em direção à câmera e continuou:

— Vocês não podem lavar essas imperfeições simplesmente mergulhando num rio. Vocês não podem apagar suas falhas, vaidades e delitos atirando-se no chão e dizendo que aceitam Jesus como seu salvador. Não é tão fácil. Eu gostaria que fosse, mas não é assim. Sabem por quê? — perguntou, e imediatamente respondeu à sua própria pergunta: — Porque não seria justo.

Bob Masterson, o homem sentado atrás da escrivaninha, apertou um botão do controle remoto, congelando a imagem. O Banqueiro Bob, como os críticos o chamavam, estudava a imagem do pregador na TV da mesma forma como um lutador media um oponente. Na tela congelada via-se um jovem de vinte e poucos anos, mais ou menos um metro e oitenta de altura, peso médio, físico atlético, muito bronzeado, rosto alongado e angular, cabelo preto liso.

— Ele é bem o tipinho latino — bradou Masterson.

Mas sua atenção foi desviada para as mãos do pregador: longas, suaves, quase afeminadas. Aquelas mãos pareciam envolver a platéia.

Masterson tinha certeza de que o pregador não sabia que estava sendo gravado. A câmera escondida era operada por Emílio Araújo, chefe do escritório de Masterson em São Paulo, Brasil. Dois meses antes, Araújo enviara a Masterson um dossiê sobre Antônio Almeida, um pregador brasileiro que estava atraindo um público considerável na periferia da cidade. Seguindo seu procedimento habitual para esse tipo de caso, Masterson imediatamente mandou Araújo seguir Almeida e gravar seus sermões onde quer que ele fosse.

— Não deixe que ele saiba que você o está gravando. Quero ver esse cara do jeito que ele é — instruiu Bob ao gerente durante uma ligação internacional.

Mas, apesar das garantias de Araújo, Masterson sentiu que os olhos azuis do pregador estavam olhando diretamente em sua direção.

Retomando o controle remoto, o Banqueiro pediu aos seus três companheiros que prestassem muita atenção ao que viria em seguida. A imagem do monitor descongelou e Almeida voltou a falar. Masterson e os outros continuaram ouvindo.

A câmera escondida continuava focalizada no rosto do jovem.

— Deus não castiga. Ele não julga. Somos nós que nos punimos, porque somos responsáveis pelos nossos atos e suas conseqüências. Digo isso porque é verdade. É através de nossos pensamentos, ações e desejos que colocamos em movimento as rodas de nossa própria felicidade ou tristeza. Vou tentar explicar isso da maneira mais simples possível.

— Todos nós somos espíritos criados pelo Ser Supremo. Ele nos criou à sua imagem e semelhança.

O pregador de cabelos escuros riu, acrescentando:

— Na Terra, costuma-se conceber Deus como tendo nossa imagem e semelhança. Talvez por isso o imaginemos com cabelos brancos e uma barba. Mas, vão por mim, ele não é nada disso.

O microfone escondido captou a gargalhada da multidão. O jovem pregador sorriu e prosseguiu:

— Todos nós viemos da mesma fonte. Somos parte do mesmo todo. Somos irmãos e irmãs de verdade. Somos todos unidos uns aos outros porque todos viemos do mesmo criador. Porém cada um de nós é diferente e tem que evoluir com Deus e com o universo que ele criou. É por isso que nascemos nesses corpos terrestres. Estamos aqui para aprender as emoções, relacionamentos e desafios que somente podem ser encontrados na vibração terrestre. Estamos aqui para experimentar, para aprender, para ter sucesso e até mesmo para falhar. Estamos aqui para evoluir. Somos espíritos, nascidos dentro dessa carcaça chamada de corpo. A vida nos é concedida para que possamos viver, experimentar e aprender. Quando a vida do corpo termina, nosso espírito renasce numa nova vida, em um novo corpo. E essa nova vida e esse novo corpo são moldados com base nas experiências, pensamentos e ações de nossas vidas passadas. Essa é a lei do universo, a lei natural, a lei espiritual. Essa lei é chamada de carma, e é através do carma que atingimos a perfeição. Somos renascidos em carne, porém somos do espírito. Estou apenas explicando a vocês o que foi dito muitos, muitos anos atrás.

Os assessores de Masterson estavam de olhos grudados à televisão. Mas Masterson já assistira à fita antes, e sua atenção estava voltada às reações de seus subordinados. A voz do alto-falante da televisão tornou-se enfática e emocionada quando o pregador atingiu seu ponto principal.

— Vocês podem voltar para casa hoje à noite e orar até o amanhecer. Vocês podem chamar Deus de seu Senhor, seu Mestre, seu Pai. Mas, se suas ações e seus pensamentos não estiverem repletos de amor, compaixão e misericórdia, suas palavras serão vazias. Vocês podem ir a qualquer igreja ou templo gritando améns até sua garganta doer. Isso não vai valer nada. Não basta dizer "Eu aceito Cristo como meu Salvador. Perdoe-me de todos os meus pecados". Meu caminho é mais difícil que isso. Não há nenhuma igreja, templo, padre, pastor ou feitiço que mudará sua vida. Você é a resposta para as suas preces, você é o caminho para a sua própria salvação. As respostas estão dentro de você. Eu posso até apontar o caminho, mas é você quem precisa viajar.

Mais uma vez, Masterson parou a fita. Ele sorriu para seus três executivos.

— Se continuar com esse papo, ele não vai ter futuro algum nesse negócio. Onde já se viu pedir às pessoas que sejam responsáveis por si mesmas?

Os três assessores riram com Masterson. Ele estava sentado atrás de uma enorme escrivaninha de carvalho estrategicamente colocada em frente a uma janela panorâmica que lhe permitia admirar a linda manhã de primavera em Louisville, Kentucky. À sua direita estava Bill Hanley, o produtor de televisão de Masterson. Hanley olhava para o fogo ardendo lentamente na lareira de pedras. Ele notara que o fogo da lareira sempre estava aceso, mesmo em conjunto com o ar-condicionado nos dias quentes de verão. Masterson tinha uma queda para o dramático, e Hanley sabia que era por isso que o Banqueiro Bob era o único evangélico da televisão que havia durado todos esses anos. O fogo crepitante fazia parte do show de Masterson.

Os olhos de Hanley vagaram ao redor da sala e pousaram imediatamente atrás de Masterson, na parede das celebridades, um painel de mogno escuro polido à mão em que molduras caríssimas ornavam fotografias de senadores, presidentes, líderes empresariais e artistas posando com Masterson. Hanley também sabia que, quando Masterson apertava um botão escondido embaixo da escrivaninha, a parede se abria, escondendo as fotografias e deixando em seu lugar um bar repleto com as mais variadas bebidas.

Agora, os olhos de Hanley pousavam em Masterson. Hanley se perguntava o que seu chefe havia visto no pregador brasileiro. Qual era, afinal, o motivo daquela reunião? Seria absurdo, pensou ele, que seu chefe estivesse preocupado com aquele sujeito. Masterson, aos cinqüenta e nove anos de idade, estava no auge da carreira, era o rei dos evangélicos. Ele era o dono da maior e mais respeitada organização evangélica do mundo, a CCM, Cruzada Cristã Mundial. Seu programa O *Clube de Cristo* cobria quase noventa por cento dos Estados Unidos e logo estaria cobrindo oitenta por cento do planeta.

— Phil, o que você acha desse cara?

A voz de Masterson cortou os pensamentos de Hanley. Mas a pergunta era para Phil Martelli, que, aos sessenta e cinco anos, era o gênio financeiro da CCM. Masterson valorizava a opinião de Martelli, que, afinal, ajudara-o trinta anos atrás, encontrando maneiras de comprar e manter no ar uma estação UHF que se tornou a pedra fundamental da CCM.

Masterson ouvia o que Martelli falava:

— O que você quer dizer com o que acho dele?

Como a maioria dos homens de finanças, Martelli sempre começava uma resposta com uma pergunta, ganhando tempo para elaborar sua resposta:

— Tenho visto esses tipos ir e vir. O que há de tão especial com esse aí? Por falar nisso, qual é seu nome?

Apesar de ter lido o nome em vários lugares, Masterson recorreu ao relatório que veio com as fitas.

— O nome do garotão é Almeida. Antônio Almeida. Tem vinte e nove anos e é de uma família rica de São Paulo. Estudou aqui nos Estados Unidos, fala português, inglês, espanhol e francês. Parece que o garoto tem jeito para línguas. O pai trabalha com importação e exportação. Almeida saiu de casa há mais ou menos dois anos, deixando a mamãe, o papai e a boa vida para trás. Prega nas periferias, nas casas das pessoas, nas ruas, enfim, onde puder. Vem chamando a atenção dos jornais locais, dando algumas entrevistas no rádio e na televisão. Nosso pessoal no Brasil achou que talvez eu ficasse interessado nele também.

— Não entendo — disse Martelli. — Qual é a jogada? Estou vendo um filhinho de papai que pensa que é Buda? Provavelmente, ele deve fumar um baseado e sair procurando o Nirvana. Daqui a alguns anos vai assumir os negócios do pai e dar uma gorjeta boa para a empregada no Natal. Aqui hoje, sumido amanhã.

Masterson sorriu, mas não respondeu. Virou-se para outra pessoa que estava na sala e perguntou sua opinião. Ela era Mary Fried, que estava na CCM havia apenas cinco anos, trabalhando no departamento de opinião pública e de tendências sociais americanas. Mary era uma especialista em pesquisas, e esse conhecimento lhe garantia um lugar no sofá do conselho.

— Bob, os poucos minutos que ouvi até agora lembram muito a filosofia da Nova Era. Só que isso não vai pegar com os pobres do Brasil ou de qualquer outro lugar do mundo. Esse papo de responsabilidade pessoal não cola com as classes mais baixas e menos instruídas. Esse pessoal tem dificuldades até para sobreviver no dia-a-dia. Eles não querem ficar procurando alguma verdade interior. Pessoas desse nível preferem que sua religião e seus pregadores sejam simples e diretos: "Diga-me o que fazer e o que não fazer". Isso é o que eu mais ouço em nossos grupos de pesquisa. E o que esse cara está dizendo? "Faça você mesmo." Acho que não há por que se preocupar com ele — concluiu, enfaticamente.

Masterson avaliou as palavras de Fried. Hanley, vendo Masterson bater seus dedos na escrivaninha, sabia que agora seria sua vez.

— E você, Bill, como avalia esse rapaz?

— Eu não sei — respondeu Hanley. — Sei como esse papo de responsabilidade pessoal o desagrada: nenhuma aceitação de Cristo, nenhuma prece, nenhum compromisso. (*"Nada de doações..."*, *disse Hanley a si mesmo, mas ele não iria falar isso ao Banqueiro Bob.*) Concordo com Phil e Mary. O garoto vai sumir dentro de um ano. O que está pegando?

Masterson não respondeu. Ele apenas apontou para o televisor e apertou o botão *play* do controle remoto. A voz de Almeida veio através do alto-falante novamente.

— Eu não estou aqui para morrer por seus pecados. Nem aquele outro veio para isso. — Ele sorriu e acrescentou: — Não estou aqui para fazer milagres. Eu vi um mágico na televisão fazer a Estátua da Liberdade desaparecer. Isso é uma coisa difícil de superar, e, se eu fizesse alguma coisa desse tipo, iriam dizer que eu sou um mágico, um bruxo ou Satanás em pessoa. Hoje em dia as pessoas ficam nervosas com milagres. Acho que tem a ver com toda essa onda de milênio.

Almeida riu, e o público também. Ele ergueu a mão pedindo silêncio e continuou.

— Vocês vão ter que decidir por vocês mesmos quem eu sou. Eu não vim para tomar o lugar dele. Olhem dentro de seus corações. Se vocês sentem que falo a verdade, continuem ouvindo. Se sentem que não, podem ir embora. Eu não sou sua resposta, achem seu próprio caminho. E lembrem-se disto: existe apenas uma verdade, mas ela pode ser encontrada em faixas diferentes.

Ninguém saiu da sala. Ele, então, continuou:

— Como eu disse antes, há muitas estradas e muitas escolhas ao longo do caminho. Eu sou apenas uma delas. Uma vez eu disse: na casa de meu pai há muitas moradias. Se assim não fosse, por que eu lhes diria que iria preparar um lugar para vocês?

A câmera escondida continuou gravando enquanto o pregador fazia uma pausa para tomar um gole de água. Ele esperou por eventuais perguntas. Não houve nenhuma, então ele continuou.

— Vou explicar o que isso quer dizer. O universo é a casa do Pai, e nessa casa há muitos, muitos quartos. A Terra é um quarto ou uma dimensão dentro da criação divina, é onde vivem os espíritos que estão afinados com essa vibração. Mas há muitas, muitas outras faixas de vibração espalhadas no universo.

— Agora vou mostrar uma coisa para vocês.

Almeida levantou a mão esquerda com a palma virada para o público. Em seguida ele dobrou o braço para baixo, como se estivesse apontando para alguma coisa à esquerda. Depois, com o dedo indicador de sua mão direita ele tocou o mínimo esquerdo.

— É mais ou menos assim — explicou. — Cada um desses dedos é uma faixa, uma dimensão ou uma casa no universo. Cada quarto tem sua própria razão, sua própria vibração especial.

Depois que o indicador tocou todos os dedos da palma aberta, Almeida disse:

— Mesmo na Terra há diferentes faixas de vibração. Em cada uma dessas faixas as pessoas vivem suas vidas fazendo escolhas, aprendendo e evoluindo. Por que alguns vivem na pobreza, na doença, na fome, na ignorância e na miséria? Por que alguns têm sucesso e outros não? A resposta é simples: carma, a cola que une nossas vidas.

— A razão de nossas vidas terrestres é clara: superar as vontades, desejos e ambições de nossas personalidades. Quando um espírito consegue isso, ele entra em sintonia com as mais elevadas vibrações e com o Criador. Pouco a pouco, durante cada encarnação, nós vamos desmanchando pedaços desta ilusão terrestre e evoluímos, trocando o peso de nossos egos pela leveza do espírito.

Enquanto falava sobre a evolução do homem, Almeida apontava para cada dedo, até chegar ao polegar. Então ele disse:

— O espírito que vocês conhecem como Jesus vem da faixa mais alta e pura, de onde também vieram Buda, Moisés, Maomé e Krishna. Eles são todos iguais, mas são diferentes. Eles são mensageiros da mesma luz, mas suas mensagens eram dirigidas para diferentes épocas, povos e culturas.

Almeida dobrou o polegar para dentro da palma da mão, depois cobriu o polegar com os outros quatro dedos.

— Como vocês podem ver, a vibração de Jesus existe em todas as faixas terrestres. Ele é o mestre desta vibração que vocês chamam de Terra.

— Quanta besteira! — resmungou Masterson em voz alta. Mas ele não parou a fita.

Almeida continuou com a lição:

— Há uma razão para os quartos diferentes e para as faixas diferentes. Há uma razão para tudo, para qualquer circunstância e situação na Terra e em todo o universo. Há verdade em todas as religiões, em todas as crenças. E há uma verdade absoluta: todos os espíritos, portanto todos os seres humanos, são uma parte de um todo maior. Ninguém foi criado para viver sua vida numa eterna desgraça, porque ninguém vive só uma vida.

Almeida parou e olhou para as duzentas pessoas atentas às suas palavras. Ainda com a mão fechada, prosseguiu:

— Imagine o seguinte: você tem dez filhos. Nove estão em casa. Mas você está sempre esperando que o décimo chegue. Sua família não estará completa enquanto aquela criança não chegar. Para responder a uma pergunta antiga feita milhares de anos atrás: sim, nós somos os guardiões do nosso irmão. Não poderá haver harmonia, paz ou felicidade na família enquanto aquele décimo filho não chegar em casa. Todos têm que voltar a ser parte do todo, não apenas os nove mas o décimo também. Um dia todos nós vamos nos reunir com nosso criador na harmonia perfeita de sua vibração. Vocês não foram criados em vão, vocês são uma parte dele. Mas todos terão que voltar. O inteiro não pode ser inteiro se uma parte estiver faltando. Mas nenhum espírito poderá ir para uma vibração se não estiver afinado com ela. Ninguém vai para um quarto mais alto na mansão de nosso Pai se não estiver pronto. Estou aqui porque a Terra está mudando e porque quero mostrar mais uma vez que a maldade, as tentações e as vibrações negativas deste mundo podem ser vencidas.

A câmera e o microfone gravaram a agitação da multidão enquanto gritos de "Amém" e "Obrigado, Senhor" eram ouvidos na sala. Almeida precisou levantar a voz para poder ser ouvido:

— Uma Nova Era chegou. A Terra está mudando, evoluindo. Eu vim da vibração de Jesus para prepará-los para esta mudança.

Almeida levantou a mão esquerda com seus dedos ainda cobrindo o polegar e chamou a atenção do público para seu punho fechado.

— Olhem para minha mão esquerda — ele quase gritou. — Lembram como mostrei que a vibração de Jesus pode ser encontrada e sentida nesta Terra? Isso é verdade. A vibração de Jesus pode ser encontrada no Vaticano, nas montanhas do Tibete, nos rios da Índia, nas mesquitas do Islã, nas sinagogas de Israel, e, sim, até aqui nas favelas do Brasil. Eu posso ajudar vocês a encontrar seu lugar no universo de nosso Pai.

Antônio Almeida parecia estar olhando diretamente para a câmera escondida de Bob Masterson quando afirmou:

— Eu sou quem vocês pensam que sou. Vocês decidem por vocês mesmos. Se acham que sou Jesus, então eu sou. Se acham que sou uma fraude, um maluco, um anticristo perigoso, então eu sou.

Masterson parou a fita.

— Oh, Deus! — resmungou Phil Martelli. — Eu estava errado. Ele não pensa que é Buda. Ele pensa que é Jesus!

— Um Jesus da Nova Era, com Buda, Maomé e Moisés por conta — acrescentou Mary Fried com uma gargalhada.

Bob Masterson não riu. Olhando fixamente para os três, ele perguntou:

— Vocês ainda não entenderam, não é?

Os três assessores se calaram e voltaram-se para Masterson.

— O que você quer dizer? — perguntou Bill Hanley.

Masterson dobrou as mãos em frente ao rosto, como se estivesse rezando. Calmamente ele perguntou:

— Que língua se fala no Brasil?

— Português — respondeu Mary Fried.

— Você fala português, Mary? — perguntou Masterson. — Ou você, Phil? Bill?

Os três trocaram olhares entre si, mas foi Bill Hanley quem primeiro entendeu.

— Meu Deus! Nós entendemos cada palavra que ele disse... — sussurrou ele, num tom de voz quase inaudível.

Masterson olhava para o espaço, mãos ainda dobradas em prece, enquanto a roda do tempo girava sem parar.

Capítulo 3

Manhã da mesma segunda-feira, ano 2015

LONGE DAS CÂMERAS, PERTO DA LUZ

"Qualquer que receber esta criança em meu nome, a mim me recebe; e qualquer que me receber a mim, recebe aquele que me enviou; pois aquele que entre vós todos é o menor, esse é grande."

Lucas 9:48

"Ele está transbordando com a luz de Deus — ele quebrou o cálice do corpo, ele é Luz Absoluta."

O Caminho Sufi do Amor: Os Ensinamentos Espirituais de Rumi

As câmeras da CCM não podiam estar em todos os lugares ao mesmo tempo. E, devido às instruções específicas de Masterson, elas só poderiam gravar Almeida quando estivessem completamente ocultas. Por esse motivo, Masterson não tinha conhecimento de tudo que Antônio Almeida fazia. Naquela segunda-feira, enquanto o evangélico e seus assessores assistiam ao videoteipe, Antônio Almeida fazia o que ele mais gostava: atendia pequenos grupos de pessoas.

Em um pequeno galpão caindo aos pedaços, Antônio Almeida recebia toda manhã o que chamava de "casos especiais". Cercado por três ou quatro amigos de confiança, Antônio atendia de cinqüenta a cem pessoas por dia, individualmente ou em grupos não maiores que cinco.

Naquela manhã, Inês Carvalho Prado foi ao galpão. Era a primeira vez que ela ia àquela parte da cidade. Levava consigo Paulo, seu filho de oito anos de idade. Ele era a razão por que ela estava naquele momento tocando a campainha.

Inês pertencia a uma das mais importantes famílias brasileiras. Seu pai, um empresário rico e de grande influência, era o dono de um conglomerado de bancos, refinarias, fazendas e indústrias. Conhecido, respeitado e temido no Brasil inteiro, ele não controlava apenas um império econômico; ele também controlava pessoas.

Dez anos antes, Inês apaixonara-se pelo filho de um outro homem rico e famoso. Seu casamento com Ricardo Prado foi o evento social do ano. As fotos do casamento estiveram em todos os jornais e revistas nacionais. Nas colunas sociais, sempre há destaque para as festas promovidas ou freqüentadas por eles. Ricardo e Inês formavam um casal tão adorável que a imprensa os apelidara de "o príncipe e a princesa do Brasil". E, de fato, durante os dois primeiros anos de casamento, formaram um casal feliz. Até o nascimento de Paulo.

Paulo nasceu com a síndrome de Down. Com um QI de mais ou menos 62, ele não era o herdeiro que se esperava para o trono dos Carvalho Prado. A doença fora diagnosticada quando Paulo ainda estava no ventre de sua mãe. Ricardo tentou convencê-la a abortar:

— Essa criança será um peso terrível. E que espécie de vida poderá ter?

Inês recusou firmemente. Era católica e levava a sério a sua fé.

Depois que o bebê nasceu, Ricardo insistiu para que o menino fosse internado em uma escola especial, onde pudesse ficar "com gente igual a ele". Inês novamente disse não.

É a velha história: o pai rejeita o filho, a mãe protege a criança, o pai esquece a esposa. E, para piorar, cinco semanas antes o médico disse a Inês que a criança teria, talvez, apenas três ou quatro anos de vida.

Assim, naquela manhã de segunda-feira, Inês Carvalho Prado achava-se diante de duas portas de aço cinza, a entrada do galpão onde morava Antônio Almeida.

Ela tomou conhecimento do pregador pelos jornais e pela televisão. No começo ela o menosprezou, considerando-o mais um dos muitos paranormais excêntricos que aparecem todo dia no país. O Brasil é um país místico, e grande parte de sua população, apesar da forte presença da Igreja Católica, acredita em coisas sobrenaturais. A opinião inicial de Inês a respeito de Almeida foi reforçada quando ela passou a ouvir vários comentários de que ele era a reencarnação de Jesus Cristo.

Mas seu parecer a respeito dele começou a mudar quando, na semana anterior, ela viu Almeida ser entrevistado num programa de televisão. Ele não era o louco que ela e a apresentadora do programa estavam esperando. No começo da entrevista, a apresentadora tinha sido cínica e até mesmo sarcástica. Mas, conforme o desenrolar da entrevista, a apresentadora e Inês foram mudando de opinião. Inês ficou particularmente interessada no que Almeida tinha a dizer sobre destino.

— Há uma razão e uma verdade para tudo que acontece em nossas vidas. Há uma razão e uma verdade para tudo que está acontecendo nesta Terra, neste universo. Há dois mil anos, um paraplégico clamou a Deus: "Por que você me fez assim?" A resposta — disse Almeida à apresentadora, que passara a prestar muita atenção em todas as suas palavras — ainda é a mesma do que era naquele tempo. O oleiro tem direito sobre o barro, para fazer da mesma massa um vaso para decoração e o outro para uso trivial, não é? Nada é por acaso. Nada é por acidente.

A apresentadora fez um sinal de que estava entendendo, e Almeida continuou com sua explicação sobre o destino.

— Todos nós sabemos o que é gravidade. É uma força invisível que segura a gente na Terra. Há uma outra força também, chamada de carma. Carma é a cola que nos une. Carma é a força que molda nossas circunstâncias atuais e futuras, é a soma e o resultado de nossas ações, vidas e pensamentos passados.

A apresentadora brincou, dizendo que agora sabia de onde vinha a expressão "carma ruim", mas Almeida interrompeu-a:

— Desculpe, mas preciso corrigir o que você acabou de dizer. Não existe essa coisa de carma ruim ou carma bom. Há, simplesmente, carma. Carma não é julgamento, carma é um resultado. Ponto final. Nós aprendemos por meio do carma. É como o povo diz: você colhe o que planta. Há justiça nisso, porque você fica sendo responsável por suas próprias ações. Não existe essa história de pecado original, há apenas a conseqüência de seus próprios pensamentos, palavras e ações.

Nesta manhã, parada à frente do galpão, Inês Carvalho Prado queria respostas. Ela queria saber por que seu filho Paulo era um vaso imperfeito, por que ele nunca iria aprender, rir, amar e viver como as outras crianças. E por que foi dado a ela esse peso para carregar. Ou, usando as palavras de Almeida, Inês queria saber qual era seu carma.

Então ali estava ela, numa rua sem árvores, num bairro estranho, em pé, em frente a duas portas de aço cinza, apertando uma campainha, buscando uma resposta que talvez estivesse do outro lado.

Uma das portas se abriu. Um jovem negro, de uns vinte anos de idade, convidou Inês para entrar. Ele estendeu a ela uma ficha branca com o número 53 escrito e disse-lhe que podia sentar-se, mostrando uma fileira de cadeiras onde mais de cinqüenta pessoas esperavam para ver Antônio Almeida.

— Tem bastante gente na sua frente — avisou o rapaz. — Mas não se preocupe: ele vai vê-la ainda hoje.

— Que bom. É para mim e para meu filho. Quanto ele cobra?

— Todo mundo pergunta isso. A gente devia imprimir a resposta na ficha. Ele não cobra nada, não, senhora. Antônio diz que atender os necessitados é uma das razões por que ele está aqui na Terra. Não seria certo ele cobrar pela oportunidade de realizar aquilo que ele nasceu para fazer. Por isso, não precisa pagar nada, não. Só precisa esperar.

Inês dirigiu-se às cadeiras, com Paulo segurando sua mão, rindo e sorrindo. Ela olhou para os rostos ao seu redor. As pessoas que estavam sentadas com ela eram um mosaico de seu país: jovens, velhos, ricos, pobres, pretos e brancos. Um mosaico montado pelo desejo de todos de ver Antônio Almeida.

Inês ficou imaginando se aquele homem, que alguns chamavam de Jesus e outros de pirado, poderia dar-lhe a resposta que tanto procurava. Enquanto aguardava sua vez, algumas possíveis respostas giravam em sua mente.

— Você está sendo testada por Deus, com esse fardo. Carregue-o com dignidade — disse uma voz.

Uma outra voz soou:

— Durante toda a sua vida você só teve privilégios. É rica e famosa, uma VIP. Deus mandou esse castigo para mostrar que é ele quem manda.

As vozes não paravam, algumas dizendo que o menino era uma praga em sua família, ou que ela estava pagando pelos pecados de seu pai e de seu avô, que, ela sabia, não mediam esforços para conseguir o que queriam.

— Você e seu marido estão pagando pelos pecados de seu pai e de seu sogro. Deus lhes deu uma criança retardada — gritou outra voz.

Ela olhou para o relógio: quase duas horas tinham se passado desde que se sentara, esperando para falar com Antônio Almeida. Subitamente Inês foi arrancada de seus pensamentos, ao ouvir uma voz chamando o número 53. Embora tivesse decorado o número escrito na ficha, ela olhou para confirmar. Era mesmo o 53. Havia chegado a hora de ver o guru.

O jovem que a atendera na entrada encaminhou-a para uma pequena sala com dez cadeiras. Em uma delas estava sentado Antônio Almeida.

O cenário não era o que ela esperava. Inês havia imaginado uma sala meio escura, com incenso queimando, gravuras de santos, talvez até mesmo um altar. Mas ali não havia nada disso, apenas um jovem atlético usando uma camiseta e jeans, sentado casualmente em uma cadeira. As paredes não viam uma demão de tinta havia anos, e, ao invés de gravuras sagradas, a única coisa pendurada era um calendário vencido.

Levando Paulo pela mão, ela caminhou em direção a Almeida, que se levantou e deu-lhe as boas-vindas.

— Por favor, não fique nervosa. Eu sei por que você está aqui.

— Como você pode saber? — retrucou ela, dando-se conta de que estava mesmo nervosa, porque sua resposta fora mais agressiva do que desejava. A atenção de Almeida voltou-se para o menino:

— E qual é o seu nome? — perguntou, curvando-se à frente para alisar o cabelo do garoto.

— Paulo, meu nome é Paulo.

— Como posso ajudar você? — perguntou Almeida a Inês, mas o garoto interrompeu e perguntou a Almeida se ele sabia fazer uma borboleta.

Almeida, sem esperar pela resposta de Inês, olhou para o menino e disse:

— Eu tenho certeza, Paulo, de que ninguém poderia fazer uma borboleta mais bonita do que a que você tem em sua cabeça.

Inês explicou a Almeida o motivo de sua ida até lá. Contou que o tinha visto na televisão, lido sobre ele nos jornais. Secamente, perguntou quem ele era. Almeida olhou para ela e para o menino, e, rindo, disse:

— Ah! A pergunta do "quem é você"... As pessoas me perguntam isso o tempo todo. Meu nome é Antônio. Se você pensa que sou mais do que isso, então eu sou. Por favor — antecipou ele, cortando seus protestos —, eu não estou lhe respondendo com um enigma. Um monte de gente acha que sim. Acham que estou fugindo da pergunta. Mas minha resposta é, realmente, simples e reveladora.

Inês dava a ele toda a atenção, enquanto Paulo corria e ria ao redor da sala.

— As pessoas precisam acreditar — continuou Almeida. — As almas humanas estão se perdendo neste mundo moderno e eficiente. Estão construindo paredes ao seu redor, isolando-se umas das outras. Olhe em sua volta. As pessoas amontoam-se em seus pequenos cantos, protegidas por suas próprias crenças, convicções, valores e preconceitos. Se eu saísse por aí dizendo: "Eu sou Jesus", ou "Eu sou Buda", ou Maomé ou Krishna, você pode imaginar o que aconteceria. As pessoas, isoladas em seus pequenos cantos de preconceito e medo, iriam me atacar violentamente. Alguns me defenderiam, mas outros... como posso dizer?... me crucificariam — acrescentou com um sorriso. — Sendo assim, prefiro responder que eu sou quem você pensa que eu sou. E nesta afirmação está a maior verdade. Se você acredita que sou Jesus reencarnado, então eu sou. Se você acredita que sou um Buda moderno, eu sou também. Se você acredita que sou um Moisés da Nova Era, tudo bem, eu sou. Na verdade, eu sou mais e sou menos o que você pensa que eu sou. Eu não vim como um salvador. Não vou voar com ninguém para o céu em nuvens de glória. Mas você deve acreditar que sou alguma coisa, senão você não teria vindo procurar respostas para suas perguntas.

Inês olhou para o rapaz. Ela acreditou em cada palavra suavemente dita. Ela lhe contou que seu filho era retardado, tinha a síndrome de Down, e ela queria saber por quê.

— Por que o quê? — ele perguntou. E, sem esperar por uma resposta, Almeida olhou para Paulo e disse a Inês: — Se você pudesse ver seu filho como eu o vejo, você veria que não há absolutamente nada de errado com ele. Na verdade, seu espírito é luz, sua aura é pura.

Inês, chocada, explodiu:

— O que você quer dizer com isso? Que não há nada de errado com ele? Você não vê? Olhe para ele, ele é mongolóide. Você o viu falar, ele mal sabe conversar direito.

Almeida sorriu para Inês e disse que ele realmente viu seu filho. Não o Paulo que ela via, mas o espírito encarnado como Paulo. Inês não se conteve:

— Ele não pode aprender, ele nem sabe contar. Ele está em uma escola especial e nem sabe como amarrar os sapatos, soletrar o próprio nome ou mesmo falar sem pronunciar errado as palavras. Ele jamais aprenderá alguma coisa!

— Ele não pode aprender porque ele não precisa aprender. Há poucas coisas para esse espírito aprender, entender, estudar — respondeu Almeida calmamente.

— O médico disse que ele vai morrer daqui a três ou quatro anos — disse ela.

— É porque ele não precisa viver mais que isso — respondeu Almeida.

— Então por que ele nasceu? Por que ele foi colocado nesta Terra? E, por favor, não me venha com aquela resposta estúpida: "É a vontade de Deus". Eu não suporto mais ouvir isso. Por que ele foi dado para mim e por que agora será tirado de mim? Responda isso, se você puder.

Ela encarou Almeida e esperou impacientemente a resposta.

— A vontade de Deus... — Almeida refletiu. — Essa expressão é tão mal usada! Ele é culpado de tudo, não é? Nós damos a ele tanto poder... Talvez façamos isso para não colocar a responsabilidade em quem merece: nós mesmos.

Almeida fitou dentro dos olhos de Inês, vendo sua raiva, seu ressentimento e a ferida na sua alma. Ele viu uma mãe que em breve perderia seu único filho. Ele viu uma esposa que já havia perdido o marido.

— A Terra não existe para nosso prazer e para diversão — continuou ele. — Esta dimensão existe e nós estamos aqui por uma razão.

Inês o interrompeu com uma pergunta:

— Você pode curar meu filho?

Antônio passou a mão no cabelo e respondeu:

— Eu poderia. Pode ser feito. Mas, neste caso em particular, não é necessário. Quando um milagre acontece, é o espírito que está sendo curado, não o corpo físico. Por exemplo, os médicos estão descobrindo que um grande número de doenças está relacionado às emoções da pessoa. O problema, muitas vezes, é com a alma e não com o corpo físico. Pode ser dada a visão a um cego? — perguntou. — Claro que pode, se seu espírito equilibrou seu carma e aprendeu as lições que tinha que aprender vivendo como cego.

Inês esperava ansiosamente, e Almeida olhou para Paulo, que estava na dele, brincando num canto da sala. Antônio virou-se e falou para ela:

— Em seu filho não há nada para curar. É verdade que seu espírito está preso dentro de um terrível defeito. Mas, muito antes de nascer, o espírito que você conhece como Paulo escolheu esta vida. Ele escolheu esse corpo específico não visando apenas seu próprio desenvolvimento ou a solução de algum carma. Ele quis voluntariamente reencarnar nesta Terra por amor a você e a seu marido. A cura, neste caso, não é dele. É sua e de seu marido.

— Eu sabia! — murmurou ela. — Estamos pagando pelos pecados de nossos pais.

Almeida irritou-se com as palavras de Inês:

— Você quer parar com essa história de pecado? Você não está pagando por nada, muito menos pelas ações alheias. Paulo veio até você e seu marido para que vocês pudessem aprender compaixão, amor, compreensão e sacrifício.

Almeida tomou as mãos de Inês e segurou-as enquanto continuava a falar:

— Você precisa aprender amor. Você precisa aprender compaixão. A vida lhe deu uma criança que depende de você para respirar, um filho que não é inteligente, nem bonito, desembaraçado ou jovial. A vida lhe deu a chance de aprender uma lição preciosa: sentir e se identificar com Paulo e com outros seres humanos que não são tão brilhantes ou sofisticados como seu círculo de amigos. A lição não é para ele. É para você e seu marido. O menino não é uma compensação para o egoísmo e ambição dos avós; ele é uma lição para você e Ricardo.

Almeida parou um segundo antes de prosseguir. Olhando para Paulo, que ainda estava brincando num dos cantos da sala, o rapaz continuou:

— Isso não é para compensar os egos ambiciosos e inescrupulosos de seus pais e avós. Essa lição é para você e Ricardo. Vocês podem aprender agora, ou acabarão aprendendo de alguma outra forma mais cedo ou mais tarde. A alma de vocês vive nesta Terra para poder, através dos tempos, quebrar seu próprio ego, vaidade e orgulho, purificando-se enquanto evolui.

— Meu marido não quer saber de Paulo. Nem de mim. Ele tem uma amante. Nós não dormimos mais na mesma cama — disse Inês, soluçando.

Almeida continuou, segurando a mão da mulher:

— Esse garoto não é um castigo. Antes de você nascer, Inês, você escolheu a vida que está levando agora. Quando seu espírito estava do outro lado, sabia as lições que teria que aprender. Com a ajuda de seus guias e professores, seu espírito delineou a vida que você está vivendo. Aprenda, cresça e acenda o fogo do amor, da compreensão e da compaixão que está dentro de você.

Fez uma breve pausa e continuou:

— Paulo entrou em sua vida por sua causa. O espírito que vive naquele corpo entende uma das leis básicas do universo, a de que nenhum espírito pode unir-se novamente com o Criador até que todos estejam prontos. O todo que era um não pode ser um de novo, se uma parte for deixada para trás. Ele encarnou para ajudá-la em seu trajeto. Mas, Inês, é você que precisa aprender.

Enquanto ela enxugava as lágrimas que corriam pelo rosto, Almeida acrescentou, muito delicadamente:

— Há uma outra coisa que você precisa aprender com Paulo. Ele veio para a Terra a fim de ajudá-la a crescer. Faça o mesmo pelo homem com quem casou. Ajude-o a crescer também. Seu espírito está confuso, ele tem sofrido. Eu sei que ele a machucou, mas lembre-se disso: não poderemos ser um inteiro novamente se uma parte estiver faltando. Ajude Ricardo a encontrar seu caminho.

Inês perguntou o que ela deveria fazer. Com um sorriso compreensivo, ele disse:

— A resposta é simples: amor. Ame seu filho, ajude-o e cuide dele da mesma forma como gostaria que cuidassem de você. Faça para os outros o que você faria para você. Não há nada mais para dizer, exceto isto: abrace esta chance que o universo lhe deu para aprender. Agradeça a Deus por esta oportunidade para você e para seu marido evoluírem.

Capítulo 4

Mesma segunda-feira, mesma reunião, ano 2015

MASTERSON DÁ AS ORDENS

"Ao cumprir-se o dia de Pentecostes, estavam todos reunidos no mesmo lugar. De repente veio do céu um ruído, como que de um vento impetuoso, e encheu toda a casa onde estavam sentados."

Atos 2:1–2

Um silêncio nervoso tomou conta da sala. Masterson olhou para seus três assessores. Ele estava se divertindo mas ao mesmo tempo preocupava-se com a confusão deles. Almeida falava português. Ninguém sabia dizer ao menos "bom dia" naquela língua. No entanto, todos entenderam cada sílaba que Antônio Almeida pronunciara.

— Alguma explicação? — Masterson interrogou.

Hanley, Martelli e Fried olharam um para o outro e, não encontrando uma resposta em seus próprios olhos, eles se viraram ao mesmo tempo para Masterson. O diretor financeiro, Martelli, respondeu à pergunta de Masterson:

— Eu não sei o que falar. Estávamos esperando que você soubesse o que está acontecendo. Você disse que ele falava inglês perfeitamente. Talvez ele tivesse conhecimento de que estava sendo gravado e falou em inglês. Eu não sei, droga, eu não sou especialista em eletrônica. Mas, sei lá, alguém pode ter mexido na fita, feito uma dublagem, como eles fazem com aqueles filmes estrangeiros.

Masterson levantou-se da cadeira, dirigiu-se à enorme janela panorâmica e ficou olhando para os prédios distantes de Louisville. Ainda de costas para seus executivos, colocou-os a par de tudo que sabia.

— Em primeiro lugar, ele não sabia que estava sendo gravado. Obviamente, ele estava falando em português, porque todo mundo que estava ali entendeu o que ele disse. Além do mais, Emílio Araújo foi taxativo: a câmera e as fitas estavam com ele o tempo todo. Acho então que está eliminada qualquer teoria de sabotagem eletrônica.

Virando-se, Masterson olhou para Hanley e perguntou:

— Você é o gênio da TV. O que você acha? Alguém dublou ou mexeu naquela fita?

Todos olharam para Hanley, esperando que ele tivesse a resposta. Ele não pensou muito para responder:

— Rode a fita mais um pouco. Desta vez, sabendo o que estou procurando, talvez eu possa descobrir. Eu não estava prestando atenção em como o cara falava; eu estava prestando atenção no que ele falava.

Andando para sua mesa, Masterson pegou o controle remoto e jogou-o para Hanley.

— Ligue você mesmo — ordenou.

Antes de apertar o botão *play*, Hanley foi até o televisor. Aumentou o volume e colocou os ouvidos perto do alto-falante. Considerando-se pronto, apertou o botão do controle remoto.

O monitor de TV tomou vida, e a tela iluminou-se com a imagem do pregador atraente e bronzeado. A câmera abriu o plano, mostrando novamente Antônio Almeida cercado por sua platéia.

— Olhem ao seu redor e olhem para dentro de vocês. As respostas que procuram estão aí: ao seu redor e em seu interior. Se vocês procurarem, vão achar. É mais simples do que parece.

Como antes, ouviram Almeida em inglês. Hanley e todos que estavam na sala agora estavam prestando uma especial atenção às palavras do jovem pregador brasileiro.

— Procurem, que vocês acham. O que vocês plantarem, vocês colhem. Isso faz parte da lei de Deus na Terra e por todo o universo. Não há nada misterioso ou complicado nisso. O iluminado Buda ensinou essa lição também. Ele usou a palavra *carma*.

A tela mostrou Almeida abrindo a mão esquerda e usando de novo o dedo indicador apontando para o polegar.

— Se vocês estiverem afinados com as vibrações mais altas de amor, harmonia e paz, encontrarão amor, harmonia e paz. Mas — o dedo indicador escorregou até o dedo mindinho — se vocês estiverem ligados com as freqüências baixas e densas da violência, ódio e ciúme, serão esses os resultados que vocês colherão.

Naquele momento, a voz de Almeida tornou-se ainda mais suave, e parecia que ele estava falando diretamente para a câmera escondida.

— Lembrem-se: não é Deus quem manda o amor, a harmonia ou a paz. Por outro lado, também não é ele quem manda o ódio, o ciúme e o medo, que geram violência. Ele leva a culpa por tudo que acontece. Mas nós é que somos responsáveis, porque quando procuramos nós achamos; e, conforme você age, você recebe. Tentem entender esta lei, porque carma, em todos os sentidos, faz o mundo girar.

Sua voz grave de barítono saía do alto-falante e até mesmo Masterson estava impressionado com a voz hipnótica e confortante daquele pregador.

— Nossa viagem na vida não é uma viagem de descobrimento. É uma viagem de redescobrimento. Nós somos espíritos, somos parte de Deus, e estamos aqui para lembrar o que esquecemos. Cientistas dizem que o universo está constantemente mudando, crescendo e evoluindo. O criador deste universo também está sempre mudando, crescendo e evoluindo. Nós, os espíritos criados por ele, também estamos em constante mudança. E, quando evoluímos e crescemos, ele também cresce e evolui, porque somos parte dele. Como vocês são parte de Deus, vocês são co-criadores. Por isso ele lhes deu o livre-arbítrio, porque sem esse poder de escolha vocês não poderiam criar nada.

Almeida estava com a platéia na palma da mão, e a câmera, gravando os rostos na multidão, registrou a concentração indivisível do povo no pregador. O jovem de cabelos escuros continuava a falar com voz calma, firme e confortante.

— Juntamente com o poder de escolha vem a responsabilidade, e uma outra palavra para responsabilidade é carma. Tudo que vocês fazem, falam ou pensam tem conseqüências; se não agora, mais tarde. Carma não é castigo, não é vingança. Carma é a lei natural das conseqüências. Não vejam isso como se fosse a volta de ações passadas; essa atitude faz com que vocês vejam a vida de uma forma negativa. Carma não é negativo nem positivo. Simplesmente é. Não há carma bom nem ruim. Há simplesmente o resultado das escolhas.

Hanley parou a fita e olhou para Masterson, Martelli e Mary Fried. Eles aguardavam ansiosamente o veredicto. E não gostaram do que ouviram:

— Eu vi alguns desses filmes estrangeiros a que Phil se referiu e posso garantir: se o inglês foi dublado nesta fita, é a melhor dublagem que já ouvi.

Masterson olhava para o chão, Martelli suspirava e Mary Fried fazia anotações no bloco de papel em seu colo. Hanley explicou:

— O som ambiente é natural, o sincronismo labial e a voz combinam com o corpo. É aí que todos os trabalhos de dublagem entram bem. A voz e o som ambiental não casam, o movimento dos lábios nunca é perfeito, e as vozes, não importa o talento dos dubladores, nunca batem com as dos atores originais. Eu posso assegurar que esta fita não foi dublada, pelo menos por nenhum processo que eu conheça. Mas tenho algumas dúvidas.

Mais uma vez, o grupo olhou ansiosamente para ele. Quem sabe, pensaram eles, Hanley tenha descoberto algo.

— Primeiro: se esta fita não foi dublada, o que está acontecendo?

Ele deixou a pergunta no ar antes de continuar.

— Em segundo lugar, por que alguém dublaria esta fita? Não ouvimos nada tão importante, novo ou impressionante. Já ouvimos essa baboseira da Nova Era antes. Por que alguém gastaria dinheiro e tempo para alterar esta fita? — perguntou dirigindo-se ao seu chefe.

Masterson sacudiu os ombros e, com impaciência, respondeu:

— E por que você acha que eu tenho as respostas? Não tenho a menor idéia do que está acontecendo.

Masterson contou como a fita caiu em suas mãos. O grupo de assessores sabia que as quarenta e oito filiais estrangeiras da CCM, além de espalhar a palavra de Deus interpretada por Masterson, estavam sempre de olho aberto para outros evangélicos que divulgavam suas próprias leituras das palavras de Deus. Missionários da CCM estavam sempre alertas para potenciais concorrentes.

Havia mais ou menos um mês, Masterson recebera um relatório da filial brasileira. O relatório era sobre um pregador chamado Almeida.

— Nosso gerente brasileiro, Emílio Araújo, disse que esse rapaz — Masterson apontou para o monitor — estava começando a aparecer em jornais e em alguns programas de televisão. Então, conforme nossos procedimentos normais, eu pedi uma fita, que chegou alguns dias atrás, trazida pessoalmente por uma missionária que voltava do Brasil.

Masterson levantou-se e foi até sua escrivaninha pegar um maço de papéis.

— Esta é a tradução da fita, do português para o inglês. É óbvio que nosso pessoal em São Paulo ouviu a fita em português. Por esse motivo, coloquei a fita na máquina e comecei a acompanhá-la com esta tradução na mão. Em poucos segundos eu me dei conta de que estava entendendo tudo que Almeida dizia. Imediatamente peguei o telefone e liguei para Araújo. Ele não tinha a mínima idéia do que eu estava falando. Jurou que ele mesmo tinha operado a câmera e entregado a fita para a missionária no aeroporto.

Masterson contou que a missionária era uma avó de sessenta e cinco anos de Omaha, Nebraska. Ela pegou o vôo da Varig de São Paulo para Atlanta, onde mudou de avião e veio diretamente para Louisville entregar a fita. Masterson acrescentou que ele mesmo ligou para a missionária e perguntou discretamente se a fita ficara em poder dela o tempo todo.

— É lógico, Sr. Masterson — respondeu ela. — Disseram que o pacote era muito importante. Eu o coloquei em minha bagagem de mão e não tirei os olhos dela.

— E isso é tudo — completou Masterson. — Eu não tenho

nenhuma pista. Mas vocês podem ter certeza: eu vou descobrir, em nome de Jesus, o que está acontecendo aqui.

Ele indireitou seus ombros e assumiu a postura de um general comandando suas tropas. Numa voz firme, ele deu ordens estritas: o que aconteceu naquela sala não poderia sair dali. Dito isso, ele passou a instruir individualmente cada um de seus assessores, começando por Phil Martelli, o diretor financeiro:

— Descubra como, de onde, de quem e quanto dinheiro está por trás desse cara. Quero saber quem são os financiadores e, se não houver nenhum, descubra como Almeida se sustenta. O pessoal do Brasil relatou que ele não realiza muitos encontros em massa, somente pequenas reuniões nas favelas, nas ruas e em casas particulares. Não há muito dinheiro nessa história. Isso está me deixando preocupado. Ele tem que ter alguma fonte de renda. Quero saber tudo sobre ele, até o tamanho de suas cuecas e onde ele as compra. Tudo, entendeu, Phil? Vasculhe a vida dele.

Instruções dadas, ele cumprimentou Martelli e dispensou-o para que executasse sua tarefa. Agora era a vez de Mary Fried. Ela era uma das melhores pesquisadoras de opinião pública dos Estados Unidos. Antes de ser contratada pela CCM, trabalhou no Partido Republicano, onde estava se tornando rapidamente a principal estrategista política.

— Mary, acho nunca vamos precisar do que vou pedir agora. Eu pessoalmente acho que o Brasil está enchendo a bola desse cara. Mas, por via das dúvidas, quero que você pesquise esse tal de Almeida. Nós precisamos saber qual é a dele. Por que um garoto brasileiro rico, que faz parte da classe alta, joga tudo fora para ser um pregador?

Mary Fried começou a tomar nota de novo (ela sempre empunhava um bloco de notas quando o chefe a chamava) e Masterson continuou com suas instruções.

— Tente descobrir aonde ele quer chegar, qual é sua mensagem, o que ele está pregando e como sua mensagem está sendo recebida. Penetre em sua pele e descubra uma maneira de destruí-lo. Essa coisa do idioma está me preocupando. Se descobrirmos que não é um truque eletrônico podemos ter problemas. Talvez seja necessário inventar uma explicação. Entendido? Então comece a agir. A partir de agora, o Projeto AA, Antônio Almeida, é sua prioridade.

Mary sorriu. Ela estava vibrando com sua atribuição. "De volta ao jogo duro", pensou. Embora estivesse feliz com seu trabalho na CCM, Mary sentia a falta do jogo mortal.

— Não se preocupe: esse cara é meu — disse ela ao sair do escritório.

Masterson por fim sentou-se no sofá ao lado de Hanley.

— Há uma razão por que o deixei por último. Eu queria falar com você em particular. Há quanto tempo está comigo? Já faz uns vinte e cinco anos, não?

— Vinte e sete, para ser exato — respondeu Hanley. — Comecei assim que saí da faculdade. ("Como se você não soubesse", Hanley falou para si mesmo.)

— Olhe, sei que você não é um verdadeiro crente — começou Masterson. — Você nunca aceitou Cristo como seu salvador. Você deve até ser um liberal enrustido também. Mas foi exatamente por isso que mantive você comigo todos esses anos. Como você sabe, muitas pessoas gostariam que eu o demitisse. "De jeito nenhum", eu digo a eles. "Billy é um profissional. Ele não se envolve emocionalmente e é bom no que faz."

Hanley sabia que Masterson estava falando a verdade. Os "fanáticos" da CCM nunca confiaram nele; e mais: eles tinham ciúme de seu relacionamento com Masterson. Por outro lado, ele também conhecia seu chefe havia muito tempo, o suficiente para saber quando ele estava maquiando.

Masterson confessou estar escondendo alguma coisa:

— O que ninguém sabe é que há quatro fitas, não uma. Quero que você, e só você, dê uma olhada nelas. Fiz cópias. As originais ficam comigo. Conheço algumas pessoas que podem ir até o fundo nesta história do idioma. De você eu quero outra coisa.

Hanley esperou pela bomba. Masterson abaixou o tom de voz e continuou.

— Avalie o cara. Você tem o dom para fazer isso melhor que Mary e toda a sua pesquisa e seus relatórios. Deixe que ela descubra o que as pessoas pensam sobre ele, mas eu quero saber o que *você* pensa sobre ele, Bill. — E acrescentou: — Meça-o para mim.

"Masterson sabe que sou bom na avaliação de pessoas", pensou Hanley, "porque é o que tenho feito nesses últimos vinte e sete anos."

Sua mente retornou para os primeiros dias do programa *Clube de Cristo*. Ele estava começando a dirigir o programa e lembrava de alguns truques que havia ensinado ao chefe. Hanley tinha códigos para esses truques. Um deles era o "olhar da alma".

— Quando um convidado estiver falando — Hanley ensinou para Masterson —, não olhe para ele. Olhe para a câmera 3. Vou posicionar essa câmera atrás do convidado. Olhe diretamente para a lente da câmera 3. De vez em quando eu vou cortar para essa câmera enquanto o convidado estiver falando. As pessoas em casa pensarão que você está ligado em cada palavra que seu convidado estiver dizendo. Você vai aparecer como uma pessoa envolvida, preocupada e alerta. Se você olhar para o convidado, você parecerá distraído e desligado. Isso é televisão. Televisão não é real. Televisão é o que parece ser real.

Masterson aprendeu bem aquela lição, assim como todas as outras também.

Uma dessas lições era um truque apelidado de "indagação moral".

— Quando você ouvir alguma coisa terrível, como a notícia da abertura de uma clínica de aborto, continue olhando para a câmera 3. Franza suas sobrancelhas e gire seus olhos para o céu. Não precisa exagerar, a câmera fará isso por você. Fazendo assim, você poderá expressar sua indignação moral contra os impulsos corruptos do mundo moderno sem aparecer como fanático religioso.

"Eu o ensinei bem", refletiu Hanley. Os ternos azuis de risca de giz, as camisas cor de areia e as gravatas vermelhas de cetim (sem falar no cabelo grisalho cuidadosamente arrumado e o porte que seu um metro e oitenta ostentava) deram a Masterson o apelido de Banqueiro Bob.

As lembranças do passado desfilavam pela cabeça de Hanley. Ele se recordou de como havia treinado Masterson a moderar a voz para se diferenciar de seus concorrentes evangélicos que adoravam gritar exageradamente seus améns.

Hanley havia ajudado a moldar a imagem de Masterson: um homem que falava com Deus à noite e com políticos durante o dia.

— Então assista a estas fitas — disse Masterson, tirando-o de suas lembranças. — Quero suas impressões e também quero que você organize estas fitas. Faça uma edição baseada em temas. Por exemplo, há trechos em que Almeida fala sobre céu, pecado e reencarnação. Agrupe todo o material referente ao céu. Faça uma compilação de tudo.

Hanley pegou as fitas de Masterson e perguntou:

— Você viu todas elas?

Masterson respondeu que sim.

— No primeiro trecho que você nos mostrou — disse Hanley —, Almeida disse que haveria uma sessão com perguntas e respostas. E então?

— Então o quê? — Masterson respondeu.

— O que eu gostaria de saber é se as falas das outras pessoas estavam em inglês ou em português.

Masterson suspirou e disse:

— Vou responder assim: eu entendi todas as palavras dessas fitas.

Hanley já estava quase do lado de fora do escritório quando a voz do Banqueiro Bob o fez parar.

— Você lembra que, de vez em quando, a gente gravava aqueles programetes sobre a Bíblia?

Hanley deixou o chefe continuar.

— Bem... Uma coisa está me perturbando.

— O que é?

— O Pentecostes. "O presente do Espírito Santo, o presente das línguas." Eu fico imaginando se tudo isso é verdade...

Capítulo 5

Mesma segunda-feira, escritório de Bill Hanley, ano 2015

HANLEY E AS FITAS

"Sua visão se tornará clara apenas quando você puder olhar dentro de seu coração. Quem olha para fora sonha; quem olha para dentro acorda."

Carl Jung

"Deus disse a Abraão: 'Vá para você mesmo, conheça a si mesmo, realize seu ser'."

O Cabala Essencial

Seguindo as ordens de Masterson, Hanley, com as quatro fitas embaixo do braço, pegou o elevador e desceu para seu escritório, no terceiro andar. Abrindo a porta, ordenou à secretária que cancelasse todos os seus compromissos, porque estaria trabalhando num projeto especial.

— Ah, e nenhum telefonema. Não vou poder atender ninguém, exceto Masterson ou alguém de minha família — disse ele, fechando a porta de sua sala.

Depois de se acomodar em sua cadeira, Hanley organizou-se mentalmente. O primeiro passo seria assistir a todas as fitas, fazendo anotações para depois montar a edição pedida por Masterson. Para clarear os pensamentos, Hanley tirou todos os papéis irrelevantes de sua mesa e olhou para as quatro fitas à sua frente. Eram fitas digitais, as melhores que existiam. Ele sabia que não haveria nenhum problema com qualidade, porque a tecnologia digital permitia cópias exatamente idênticas aos originais.

Enquanto ele limpava a mesa, tentou entender os acontecimentos daquela manhã.

"Bob está atrás de alguma coisa. O que será?", Hanley se perguntou. Ele conhecia Masterson profundamente e estava ciente de suas obsessões fanáticas e às vezes injustificadas.

A mente de Hanley voltou vinte anos, lembrando-se do jovem e carismático padre africano que estava ressuscitando sozinho o catolicismo africano.

O padre havia atraído um número enorme de seguidores, que, aos sábados e domingos, lotavam estádios de futebol para presenciar suas missas. Ele tinha até mesmo gravado CDs de hinos populares, um deles ultrapassando a marca de dois milhões de cópias vendidas. O padre era um convidado freqüente nos programas populares de televisão. Ele era um homem atraente, inteligente e eloqüente que estava provocando um renovado interesse na fé católica da África. A freqüência às igrejas era cada vez maior, e o próprio papa viajara pelo continente acompanhado pelo padre.

Por outro lado, os missionários da CCM estavam frustrados. Suas missões e creches se esvaziavam, enquanto as mães levavam seus filhos para as aulas de catecismo.

Masterson, lembrou Hanley, espumava de raiva. A África era importante para ele porque a CCM, por meio de campanhas na TV, arrecadava milhões de dólares para seus missionários. Durante aqueles programas, Masterson informava o número de almas africanas salvas pela CCM e quantas mais podiam ser conquistadas para Jesus se os bons telespectadores cristãos doassem mais cinco, dez ou vinte dólares. Tudo estava indo bem até aquele padre aparecer.

A estratégia de Masterson era simples. Ele pediu a Martelli, como fizera algumas horas atrás, que vasculhasse as finanças do padre. Naquela época, Mary Fried ainda não trabalhava na CCM, e Masterson contratou alguns investigadores particulares para levantar a vida particular do padre.

Mas foi Martelli quem salvou a pátria.

Hanley lembrava-se, quase que palavra por palavra, da reunião em que Martelli relatou a Masterson o que ele descobrira sobre as finanças do padre.

— É o seguinte — começou Martelli. — O padre está limpo. Mas não se pode dizer o mesmo dos seus parentes. Por exemplo, seu cunhado tem participação nas vendas de lembrancinhas durante as missas. Você sabe: Jesus de plástico, terços, imagens da Virgem Maria, toda aquela tranqueira católica. Estou convencido de que o padre não sabe nada sobre isso; ele é puro como a neve caindo. O pior que se pode dizer é que ele é ingênuo. E esse mesmo cunhado também é responsável pela venda dos CDs. O lucro das vendas é destinado para alguma caridade da igreja. Mas nosso amigo está passando a mão em vinte por cento. De novo, tenho certeza de que o padre não sabe nada. Ele é simplesmente um cara que tem um cunhado — finalizou Martelli com uma risada.

Algumas semanas depois começaram a surgir denúncias na imprensa africana relatando as falcatruas do cunhado. Artigos assinados por intelectuais africanos criticavam veementemente o padre e seu cunhado malandro, dizendo que o pobre povo faminto da África estava sendo iludido.

Os bispos africanos e o Vaticano sabiam que o padre era inocente, mas acharam melhor transferi-lo. Decidiram mandá-lo para os Estados Unidos, onde havia carência de padres nas paróquias dos bairros mais pobres. A última notícia que Hanley tivera do padre era que ele estava rezando e cantando para os negros pobres do Harlem.

Hanley sabia que houve centenas de outros casos como esse. Masterson sempre agia decisivamente quando seus interesses estavam em jogo. O Banqueiro Bob nunca se contentava com pouco. "Pense grande", era o que Masterson costumava exortar a seus auxiliares. Hanley sabia que "grande" era a quantia de dinheiro cobiçada.

Masterson, logo no início da carreira, percebera que os americanos não se interessavam muito em ajudar necessitados nas regiões pobres do país. "Mas", ele sempre dizia, "coloque no ar algumas cenas com crianças pobres e desnutridas da África, América do Sul ou Ásia, e os americanos vão mandar cheques para salvar suas almas. O povo americano têm um tremendo complexo de culpa. Eles sabem que financeiramente estão melhores que o resto do mundo, então eles acham que devem pagar a Deus pela sua boa sorte."

A CCM e Masterson usavam os campos férteis do Senhor na África, Ásia e América Latina para arrecadar dinheiro nos Estados Unidos, Canadá e Europa ocidental. Essas doações do mundo rico, além de sustentar milhares de missionários, pagavam os satélites, cabos de fibra óptica e estações de televisão que a CCM usava para divulgar em todo o mundo a palavra de Deus segundo Masterson.

O que os doadores não sabiam era que aquele mesmo dinheiro financiava negócios imobiliários de milhões de dólares, investimentos em plataformas de petróleo e participações em bancos europeus e companhias de seguros. O braço financeiro de Bob Masterson tinha, havia muito tempo, se estendido em quase todos os países do mundo.

Bill Hanley voltou sua atenção para o trabalho. Com as fitas já inseridas nos aparelhos de vídeo, ele estava pronto para começar. O cronômetro à sua frente anunciava que as fitas começariam a rodar em vinte segundos. Enquanto estivesse assistindo às fitas, uma outra cópia digital estaria sendo produzida, a qual seria usada para realizar a compilação solicitada por seu chefe.

O relógio eletrônico agora mostrava o número 18, e, enquanto a contagem regressiva continuava, Hanley especulava quais seriam as intenções de Masterson em relação ao jovem pregador brasileiro.

Antônio Almeida era diferente do padre africano. Ele ainda não era famoso, não era nenhuma ameaça a Masterson e não estava pedindo a seus seguidores que aderissem a uma igreja, um partido político ou uma revolução social.

— Talvez — disse Hanley em voz alta para sua sala vazia —, quando eu terminar de assistir a estas fitas, eu entenda o porquê de tudo isso.

O cronômetro já tinha chegado ao número 10, e Hanley procurou se concentrar no trabalho que tinha pela frente. Cada fita tinha duas horas de duração, portanto assistir a todas levaria mais de oito horas.

— Tudo bem — disse ele para si mesmo. — Não tenho nada melhor para fazer.

Olhou para o relógio em seu pulso e pensou:

"Agora são duas da tarde. Devo terminar perto das onze."

A contagem regressiva chegou aos cinco segundos. Enquanto os aparelhos se ligavam, ele lembrou de pesquisar a referência ao Pentecostes feita por Masterson. Mas agora o show estava pronto para começar. O monitor da televisão se iluminou com a imagem de Antônio Almeida adentrando uma sala mal iluminada numa favela brasileira. As cento e poucas pessoas naquela sala se levantaram quando o rapaz entrou. Almeida sorria enquanto cumprimentava cada pessoa. Ao chegar ao centro da sala, o pregador olhou diretamente para a câmera escondida de Masterson. E sorriu.

Naquele momento, Hanley teve certeza de que, apesar das garantias de Masterson e do escritório do Brasil, Antônio Almeida estava ciente da câmera escondida. Hanley também podia jurar que Almeida sabia que aquelas gravações iriam acontecer. Ele leu isso no rosto do pregador.

— Quem sabe — disse Hanley mais uma vez para a sala vazia — nestas fitas eu encontre mais do que estava esperando...

Capítulo 6

Mesma segunda-feira, São Paulo, Brasil, ano 2015

NÃO TENHAM MEDO

"Levantem-se, leões, e livrem-se da ilusão de que vocês são ovelhas. Vocês são almas imortais, espíritos livres, abençoados e eternos."

Swami Vivekananda

Enquanto Bill Hanley assistia às fitas clandestinas, Antônio Almeida estava com mais ou menos cinqüenta adolescentes em seu pequeno galpão alugado em São Paulo.

Nas últimas semanas, adolescentes de todo o Brasil haviam aparecido para falar com Almeida. Ele percebeu que a maioria deles tinha as mesmas perguntas, dúvidas e medos sobre suas vidas, seu futuro e sobre si mesmos. Por isso, Almeida decidiu reservar duas horas por dia para conversar com eles. Por serem informais, esses encontros diários eram a parte do dia mais apreciada por Almeida.

Quando Antônio entrou, os adolescentes estavam esparramados num semicírculo, sentados em cadeiras, em pé ou sentados no chão com as pernas cruzadas. Posicionando-se no meio do círculo, Almeida começou:

— Oi, pessoal. Estou feliz em ver vocês aqui. Tenho certeza de que a gente vai passar uma tarde interessante.

Seus olhos percorriam lentamente a sala enquanto ele examinava o grupo.

— A vida é como esta reunião. Aqui nesta sala, nós vamos aprender de cada um. Vocês, e todos que vivem neste momento na Terra, estão aqui para aprender. E uma das melhores maneiras de aprender é aprender com cada um. Podem acreditar: eu aprendo com vocês. Toda vez que eu sento e converso com pessoas, eu cresço um pouco. Obrigado por terem vindo.

Um dos meninos levantou sua mão e perguntou a Almeida como eles poderiam aprender um com o outro:

— Afinal, somos moleques que não sabem nada da vida. Pelo menos é isso que os nossos pais sempre falam — acrescentou o adolescente. O grupo riu e Almeida riu junto.

— Vocês vão ficar surpresos. Em primeiro lugar, nenhum de nós está aqui hoje por acaso. Não há acasos nem coincidências. Existe uma ordem no universo e para nossas vidas neste universo. Nada, absolutamente nada acontece sem razão. Deixem-me mostrar a vocês — disse Antônio, perguntando ao menino qual era seu nome.

— Luís Mendonça — foi a resposta.

Almeida andou até uma menina sentada no meio do semicírculo e perguntou qual era seu nome.

— Sônia Martinelli.

Antônio dirigiu-se para Luís:

— Se você ouvisse a história de Sônia, veria que ela é muito parecida com a sua. Ela também se sente desprezada, isolada e sozinha. Ela têm dúvidas. Ela não sabe se tem o talento e a inteligência necessários para obter sucesso na vida. Estou certo? — perguntou aos dois.

Luís e Sônia concordaram, assim como a maioria dos adolescentes na sala.

— Acabamos de ter a primeira lição de hoje: vocês não estão sozinhos. Quando eu tinha sua idade, também tinha muitos dos mesmos sentimentos, dúvidas, ansiedades e medos sobre meu futuro.

Almeida voltou para o meio do semicírculo. Ele pegou um exemplar de um jornal velho. Na primeira página estava a história de dois adolescentes americanos que entraram em sua escola com metralhadoras matando ou ferindo quarenta colegas.

— Por que isso aconteceu? — perguntou Almeida, referindo-se ao jornal que ele segurava no ar.

Ninguém respondeu. Almeida cutucou o grupo, perguntando mais uma vez se eles tinham alguma idéia do que faria dois jovens matarem seus amigos e depois se suicidar.

O grupo continuou sem responder.

Almeida então perguntou se algum deles já havia pensado em fazer alguma coisa parecida.

Um rapaz alto e loiro, sentado na parte mais externa do semicírculo, levantou timidamente a mão. Outro, sentado no meio, levantou a mão também. Lentamente, quatro outras mãos se levantaram, e Almeida fez uma pergunta simples ao rapaz loiro:

— Por quê?

O garoto olhou primeiramente para Almeida e depois para seus amigos. Finalmente, ele respondeu:

— Provavelmente pela mesma razão daqueles dois caras nos Estados Unidos.

— Explique isso. Por que você acha que fizeram aquilo? — perguntou Almeida.

— Medo — respondeu o garoto. — Eles estavam com medo porque eles não se encaixavam. Eles se sentiam fora do grupo. Aí, depois de cansar de ter medo, eles ficaram com raiva.

— É isso aí, ele está certo — disse um dos rapazes que levantara a mão. — Eles estavam com raiva porque não se encaixavam em sua escola. Eles tinham tanto medo de nunca ser nada ou ninguém que acharam melhor desistir.

Uma parte do grupo concordou. Outra parte esperou saber o que Almeida tinha para falar. E ele foi direto ao assunto.

— Medo. É sobre isso que nós vamos falar. Do que vocês têm medo? Alguém aí fale sobre isso.

Uma menina chamada Juliana se abriu:

— Há muita pressão sobre mim. Estudar, tirar boas notas, ir para a faculdade, arrumar um bom emprego, casar bem, etc., etc., etc. Eu não sei se posso fazer tudo isso. Às vezes, acho que não vale a pena.

Do outro lado da sala, uma garota de uns dezoito anos relatou seus medos ao grupo.

— Tenho medo de ficar sozinha. Eu não iria suportar. Eu sei

que não sou bonita nem muito inteligente, acho que vai ser difícil arranjar alguém, mas eu não vou conseguir viver só.

As vozes foram se sobrepondo, cada um trazendo a público seus medos.

— Eu tenho medo de não me encaixar. Sei que o pessoal me chama de caxias, de CDF. E também não sou bom com garotas — confessou uma voz masculina.

— A vida é complicada. Tem noite que vou dormir pensando em não acordar mais — desabafou outro garoto.

— O que eu vou fazer da minha vida? Nada me interessa. Todo dia a mesma rotina chata e inútil... Não há nada que eu queira ser ou fazer — acrescentou uma garota no fundo.

— Eu não sou bom o suficiente. Todo mundo sabe o que quer, todos têm objetivos. Todo mundo é senhor de si mesmo. Eu me sinto um fracassado — exclamou uma outra voz.

E assim continuou: os cinqüenta adolescentes contando seus medos para Almeida, sem esconder nada. Uma barragem havia caído, e as emoções reprimidas fluíram como um rio para o oceano que era aquela sala. Eles estavam abrindo seus corações diante de Antônio Almeida e do grupo. Eles confiavam nele e, em sua presença, confiaram uns nos outros. Eles tiraram a máscara da arrogância adolescente e contaram a Almeida o que estava trancafiado em suas mentes.

Antônio observava. E ouvia. Ele deixou a conversa fluir sem interromper. Quando a discussão serenou, disse:

— Espero que vocês tenham percebido o que aconteceu aqui. Vocês ajudaram um ao outro. E conseguiram fazer isso sozinhos porque, por um breve momento nesta sala, vocês estiveram ligados entre si.

Almeida, agora relaxado numa cadeira, perguntou se eles sabiam o que tinham em comum. Em uma só voz, todos responderam.

— Medo!

Sorrindo, Almeida continuou:

— Vocês todos têm medo. Podem ser medos diferentes, mas a emoção e o resultado são os mesmos. Alguns têm medo de não ter amigos, outros medo de crescer ou de não ser bem-sucedidos ou medo de ficar sozinhos. Alguns de vocês pensam não ter garra suficiente ou não se consideram bonitos o bastante ou prontos para lutar neste mundo competitivo em que vocês nasceram. Estou certo?

A resposta foi um sonoro sim.

Ele olhou nos olhos dos jovens. Aqueles olhos ansiavam por uma resposta que acabasse com suas dúvidas e ansiedades. Eles não queriam ter medo. Almeida abaixou a voz e continuou falando:

— Vou contar uma coisa para vocês. Vocês não são os únicos. Cada grupo que atravessou estas portas falou a mesma coisa: nós temos medo. Vou revelar outro grande segredo: todos que vivem neste mundo têm medo. Pouquíssimas pessoas não o têm. Ultimamente o medo vem correndo solto na vibração terrestre.

Sentada na primeira fila, uma menina de quinze anos, rosto cheio de espinhas, discordou do que ele acabara de dizer:

— Eu olho ao meu redor e todos parecem saber o que querem. Todos parecem saber o que estão fazendo. Eu sinto que sou a única que não é assim.

Almeida balançou a cabeça e falou:

— Bem, durante os últimos dez minutos você ouviu o contrário disso. Ninguém aqui afirmou que não tinha medo de nada. Ou será que você está falando dos adultos, aqueles que parecem estar sempre numa boa?

Ela e vários outros concordaram. Almeida prosseguiu:

— Bem, vamos falar sobre isso. Quem são as pessoas mais famosas e bem-sucedidas que vocês conhecem? São os cantores, atletas e empresários famosos? Você acham que, por terem atingido num certo nível de fama, fortuna e poder, eles não têm medo? Vocês acham que eles não temem o dia em que a fama acabar? Vocês acham que eles não têm medo de ficar velhos ou perder suas posições?

Os adolescentes fizeram um sinal com a cabeça, concordando com Almeida, que enfaticamente continuou falando para eles.

— Todos têm medo. Medo do mundo, medo de suas próprias fraquezas e do vazio em suas almas. E é por causa desses medos que muitas pessoas, e não apenas da idade de vocês, procuram drogas.

As drogas servem para mascarar a dor, o medo e a ansiedade. Vocês todos já ouviram falar de empresários, roqueiros ou atletas que pagam uma fortuna para sustentar seus vícios. Se eles não tivessem medo e soubessem por que nasceram neste mundo, eles não precisariam se drogar para encobrir seus medos.

O grupo estava silencioso, refletindo sobre as palavras de Antônio Almeida.

— Eu sei que a maioria de vocês já experimentou drogas. Alguns por curiosidade, para descobrir qual é o barato. Outros porque seus amigos usam e vocês querem se enturmar. A maioria de vocês experimentou e largou. Outros experimentaram, usaram e não pararam mais, porque com drogas vocês escapam. Seus medos desaparecem e suas ansiedades vão embora como uma nuvem de chuva. Mas não há respostas no mundo drogado. É como sair de férias: quando a gente volta, os problemas que deixamos para trás ainda estão lá.

Os jovens concordaram com ele. Todos esperavam o que Almeida iria dizer em seguida. Ele se levantou novamente com o jornal nas mãos.

— Nós começamos falando sobre esses dois adolescentes nos Estados Unidos. Eles entraram na escola vestidos de preto, mataram outros estudantes e depois se mataram. Eles estavam com medo porque estavam sozinhos. Estavam com medo porque pensavam ser os únicos que se sentiam assim: isolados, sem amigos que se preocupassem com eles. O medo faz essas coisas. O medo faz uma sociedade inteira procurar um bode expiatório para sua miséria: os negros, os amarelos e os descrentes. Durante a história recente deste mundo, uma nação inteira matou homens e mulheres em campos de concentração. Fizeram isso por causa do medo. Medo é a raiz podre da maldade.

A sala estava quieta, e Almeida foi chegando ao seu ponto principal.

— Nesta vibração, a maioria das almas vive, como um de seus escritores uma vez colocou, em um desespero silencioso. Pessoas têm medo de viver e medo de morrer. Uma das razões pelas quais eu vim foi para ajudar vocês a superar esses medos. Não apenas o medo da morte mas seus medos da vida. O medo apaga o espírito. Quando vocês temem, vocês não conseguem experimentar ou evoluir, vocês apenas fracassam. O medo paralisa nosso maior dom, o livre-arbítrio, impossibilitando-nos de fazer escolhas.

Almeida olhou para o grupo. Eles estavam refletindo sobre o que ele dissera e, enquanto olhavam para dentro de si mesmos, sabiam que suas palavras eram verdadeiras.

— Quem é o responsável pelo medo? Nós. Nós o alimentamos em nós mesmos e dentro dos outros.

Almeida voltou a falar dos colegiais americanos. Ele disse ao grupo que aqueles jovens estavam com medo e por isso tinham raiva. Raiva por não se adaptar ao meio, raiva por serem diferentes e raiva por não serem aceitos por seus colegas. Cada um de vocês é responsável pelo medo que os outros espíritos sentem. Quando vocês — suas mãos varreram o grupo, indicando que ele se referia a todos eles — rejeitam alguém porque ele ou ela não é bonito, inteligente, divertido ou não se veste bem, vocês são responsáveis pelo medo desse alguém, pela sua rejeição, sua dor e sua raiva. E, como somos todos ligados uns aos outros, quando criamos medo em outro ser humano nós o criamos em nós mesmos.

O garoto loiro que havia começado a discussão ergueu a mão para fazer outra pergunta.

— Olha, esse papo é legal, pode até ser verdade. Mas tem uma coisa que eu e quase todo mundo quer saber. Não... — corrigiu-se — não *quer* saber. *Precisa* saber. Nossas vidas não fazem sentido porque não entendemos o que estamos fazendo aqui, por que nascemos, o que esperam que a gente faça. Ninguém nunca respondeu isso. Você pode?

Mais do que uma pergunta, aquilo havia sido um desafio. Almeida perguntou brincando se era uma pergunta capciosa. O grupo não riu. Ainda em pé, o garoto encarou Antônio, esperando sua resposta. Almeida sentou-se no chão com as pernas cruzadas, em frente ao grupo, e disse que iria responder, mas que eles teriam de ter paciência.

— Vou tentar explicar isso de uma maneira que nunca mais vão esquecer e, espero, de uma maneira que vocês entendam.

Pediu-lhes que se sentassem no chão, relaxassem e se abrissem para seus próprios sentidos, sentimentos e emoções.

— Não tenham medo, nada de estranho vai acontecer. Quero apenas que vocês estejam abertos e conscientes.

Almeida pediu-lhes que limpassem suas mentes de qualquer coisa em que estivessem pensando e que imaginassem uma caixa vazia, dentro da qual eles colocariam seus pensamentos, preocupações e problemas.

— Eu quero que vocês coloquem inclusive o que acham que vamos fazer. Não tentem pensar adiante. Deixem suas mentes viverem no presente, no agora.

Ele esperou alguns instantes até que os jovens fizessem o que ele pedira, e então pediu-lhes que fechassem a caixa e a selassem bem.

— Quando terminarem, simplesmente empurrem a caixa para longe, a uma distância em que ainda pode ser vista mas que não atrapalhe o caminho.

Antônio aguardou mais um pouco e continuou:

— Vocês perguntaram: qual é o sentido da vida? Por que estamos aqui? Agora eu vou fazer uma pergunta para vocês. Mas não respondam ainda. Simplesmente ouçam a minha voz enquanto eu guio vocês.

Almeida perguntou se eles alguma vez já tinham feito ou criado alguma coisa: um desenho, uma pintura, uma história ou, quando crianças, um modelo de massinha ou um castelo de areia.

— Visualizem o desenho, o castelo de areia, o poema ou a história que vocês criaram. Pensem neles agora.

Ele fez uma pausa, deixando suas mentes tocar, segurar e acariciar suas criações.

— Essa criação é você. Você criou alguma coisa do nada. Você fez uma expressão de si mesmo. Você preencheu um vazio com a inventividade de sua mente. Você criou alguma coisa que era ao mesmo tempo parte de você e separada de você. Alguma coisa que não existia começou a existir porque você a desejou. Você foi o criador.

Almeida continuou falando enquanto os adolescentes viam

em suas mentes as suas criações, separadas, autônomas, mas ao mesmo tempo uma parte deles próprios.

— Mas aquela criação era apenas um desenho, uma história, um poema. Não estava viva, não continha o espírito de vocês, sua verdadeira essência. Sua criação era incapaz de evoluir, amadurecer ou mudar por si própria. Só você, o criador, poderia mudar sua cor, forma e conteúdo.

— Vocês, por outro lado, são criações *vivas* de Deus. Vocês têm a capacidade de crescer, amadurecer e se desenvolver. Cada um de nós é a expressão de amor do Espírito universal. Somos uma parte dele. Assim como a imaginação e a força de vontade de vocês moldaram suas criações, a vontade e o poder dele nos criaram. Nós somos seu espírito vivendo nesta esfera terrestre.

— E, da mesma forma como sua criação faz parte de você mas é autônoma, nós também somos Deus, mas independentes. Pensem na Terra como uma escola, onde vocês estudam, aprendem, crescem e se desenvolvem. Por isso vocês estão aqui: vocês são parte do universo de Deus, que sempre cresce e evolui. Vocês são sua criação viva e precisam aprender por si mesmos. Ele lhes deu o livre-arbítrio para que possam fazer suas próprias escolhas. Vocês não são desenhos, castelos de areia, poemas ou histórias. Vocês estão vivos. Vocês são espíritos.

Após alguns segundos de silêncio, Almeida acrescentou:

— Vocês foram criados pela vontade dele. Vocês são parte de sua criação e estão aqui para crescer e tornar-se parte dele e não peças separadas. Para ser parte dele, seu espírito precisa crescer e evoluir, assim como a criação dele está constantemente crescendo e evoluindo. Isso — enfatizou Almeida — é por que vocês estão aqui.

Almeida avisou que eles poderiam abrir os olhos quando quisessem. E, quando abriram, ele olhou para o garoto loiro, perguntando se ele havia entendido. O jovem sorriu e disse:

— Eu tenho minha resposta.

O jovem pregador falou para o grupo todo e enfaticamente recomendou-lhes que vivessem suas vidas com aquela resposta.

— Cada minuto que vocês estão nesta terra, mesmo nos momentos mais escuros de medo, insegurança, dor e angústia, vivam sabendo que vocês são um espírito eterno criado por ele, o Espírito Universal. Saibam que vocês são parte dele e ele é parte de vocês. Saibam que vocês viveram antes e viverão de novo. Saibam que vocês, antes de nascer, escolheram o caminho que estão trilhando agora, porque vocês sabiam que era o melhor caminho para vocês. Vocês não são um desenho, um poema ou um modelo de massinha. Vocês são criações vivas do universo. Vocês estão aqui nesta Terra para aprender, crescer e evoluir. Saibam isso, e vocês não terão medo. Saibam que todos os espíritos encarnados nesta Terra estão aqui pela mesma razão que vocês. Entendam isso, e não haverá razão para sentir medo.

Finalmente, antes de se despedir dos adolescentes, Almeida suplicou-lhes que ficassem longe das drogas.

— Como eu disse, a droga apenas encobre seus problemas. Mas elas também fazem outra coisa: distanciam vocês de seu verdadeiro ser. Vocês estão na Terra para aprender, criar, experimentar e crescer. Vocês estão aqui para provar tudo que este mundo tem para oferecer. Não caiam na besteira de pensar que as drogas vão aguçar seus sentidos, tornando-os mais conscientes de suas experiências. Isso, para não dizer coisa pior, é merda. Drogas confundem a mente física. O espírito usa a mente física para sentir, entender e fazer experiências nessa vida que você está vivendo. Um vício aqui na Terra dificulta que seu próprio ser, seu espírito, se liberte desta vibração. Se você se prender a esta vibração, você não estará livre para progredir, você não estará livre para se reunir com seu espírito de criação.

Capítulo 7

Mesma segunda-feira, escritório de Mary Fried, ano 2015

A CAÇADA COMEÇA

"*Ó amante do Rei! Saiba que teu caminho é procurar o prazer daquele Senhor Generoso. Quando tu procuras o desejo e o prazer do Bem-Amado, procurar teu próprio desejo é proibido.*"

O Caminho Sufi do Amor: Os Ensinamentos Espirituais de Rumi

Seis salas à direita da sala de Bill Hanley, Mary Fried consultava seus arquivos à procura de empresas de pesquisa em São Paulo, no Brasil. Pessoas ligadas a Mary reconheceriam facilmente seu escritório. A sala era fria, estéril, moderna e eficiente, com paredes cinza-claro e carpete cinza-escuro. No centro da sala ficava sua enorme escrivaninha cromada, com tampo de vidro, ladeada por duas poltronas feitas de couro preto e cromo. À sua esquerda e à sua direita, dois computadores estavam ligados: um conectado a um *site* qualquer na Internet e o outro acompanhando os resultados de sua última pesquisa. Não havia vida naquele escritório; nenhuma planta, flor ou mesmo toques pessoais. As persianas brancas da janela estavam quase sempre fechadas e o ar-condicionado mantinha uma temperatura constante de vinte e dois graus, tanto no verão quanto no inverno.

Um escritório funcional e eficiente, com tudo em seu devido lugar.

O escritório espelhava Mary. Com um metro e sessenta de altura, ela era uma morena enxuta. Seu corpo não carregava excesso de peso e sua personalidade não carregava excesso de emoção. Usava o cabelo escuro sempre curto, pouca ou nenhuma maquiagem no rosto, e seu guarda-roupas se compunha essencialmente de terninhos escuros. Muitos de seus amigos, sem ela saber, chamavam-na de "paisagem lunar", porque, como a lua, ela era "vazia e sem charme".

Enquanto mergulhava no Projeto Antônio Almeida, Mary sorriu ao lembrar-se do que falou para seus amigos quando aceitou o convite para trabalhar com Masterson, cinco anos atrás.

— Religião e política são a mesma coisa: ou você acredita ou você não acredita. E, no final das contas, nenhuma das duas faz um pingo de diferença na vida das pessoas.

Quando ela conheceu Masterson, os dois estavam em lados opostos. Ele buscava ser candidato à presidência pelo Partido Republicano; ela prestava consultoria a esse mesmo partido, que temia ser dominado pela direita religiosa representada por Masterson.

A campanha do evangélico foi um fracasso. Ele foi obrigado a se retirar da corrida presidencial quando tropeçou em suas próprias palavras, dizendo que "a América é uma nação cristã, e aqui não há espaço para muçulmanos, ateus ou budistas". Aquilo parecia ter sido o fim da carreira política de Bob Masterson.

Poucos dias depois do fiasco, ele telefonou para Mary, cujas técnicas maquiavélicas o haviam impressionado. Ela era talentosa ao usar os resultados de suas pesquisas de uma maneira prática e mortal. Masterson sentiu na pele sua capacidade de distinguir os temas chaves da campanha e instantaneamente formular uma mensagem aceita por brancos e negros, pobres e ricos.

Masterson queria Mary jogando em seu time.

— Ela divide números e pessoas melhor que qualquer um — disse ele a seus assessores. — Ela consegue jogar um grupo contra o outro sem ninguém perceber. Ela é uma bruxa.

Masterson tinha certeza de que Mary poderia ajudá-lo em seus planos. O evangélico sabia que a religião estava mudando na América e no mundo todo. A fé sempre havia sido um grande e lucrativo negócio, mas agora ele via a religião se tornar uma grande força política também. E Bob queria dominar o novo jogo.

Ele sabia que nunca poderia ser senador ou presidente, porque ele era um alvo fácil. Sua patética campanha à presidência deixara isso dolorosamente claro. Ele se via como um grande "corretor de poder" agindo nos bastidores. Masterson queria esse papel não só nos Estados Unidos, mas também em todos os países onde a CCM tivesse interesse. Não importava se o país fosse uma democracia, ditadura ou monarquia, Masterson queria ter influência. Para ele, essa era a chave da sobrevivência da CCM.

Com isso na mente, ele contratou Mary Fried. Informação é poder, e nos dias de hoje a informação vem por meio de pesquisas de opinião e comportamento. Ele já controlava as mídias eletrônica e impressa o suficiente para atingir o público. Agora ele precisava de informação sobre esse público para que pudesse manipulá-lo. A partir daí, tudo se encaixaria, e os políticos não se limitariam a ouvir o que Masterson dissesse; eles iriam executar o que ele exigisse.

Obter concessões de rádios e TVs nos Estados Unidos e no exterior seria fácil. Dependendo do efeito na Cruzada Cristã Mundial, leis poderiam ou não ser aprovadas. Masterson dizia a si mesmo que esses planos e artimanhas eram a única maneira de realizar o trabalho do Senhor no século XXI.

Mary aceitou o desafio e, depois de algumas semanas no trabalho, ela sugeriu a Masterson que expandisse sua base.

— As pessoas o consideram muito sem graça. Você é tido como um grosseirão intolerante e inflexível. Nos anos oitenta você era visto como um soldado nas linhas de frente da batalha contra a decadência moral. Mas, Bob, os anos oitenta já se foram. Estamos no século XXI, e você está batendo na mesma tecla há mais de trinta anos.

Masterson não estava gostando da conversa, mas continuou ouvindo sem interromper.

— Você fala para as mesmas pessoas todo dia na televisão, seu ibope não muda há cinco anos. Você é como o padre da missa de domingo, falando sempre para as mesmas duzentas pessoas que freqüentam sua igreja. Você está falando para os já convertidos. Você tem que abraçar um público maior se quiser ter a força política que pretende ter.

Enquanto organizava o Projeto AA, Mary Fried recordava aquela primeira conversa com Masterson. No decorrer dos anos, eles obtiveram um sucesso moderado na ampliação da base. Um dos primeiros passos que ela sugerira foi que ele encontrasse uma fachada.

— Olhe, nesta altura do campeonato é muito difícil mudar a sua imagem. Você aparece na televisão há mais de trinta anos; as pessoas sabem quem você é. O que você precisa fazer é continuar trabalhando em sua base principal. As doações de que precisamos vêm deles, não podemos perdê-las. Mas precisaremos de outra plataforma se quisermos atingir o grande público americano.

Mary traçou seu plano: formar um comitê nacional independente mas controlado pela CCM.

— Esse comitê seria mais moderado, flexível e menos dogmático do que você. Mas por meio dele você poderá escolher candidatos e bancá-los financeiramente, atacar inimigos políticos e construir alianças pelo país inteiro. Esse comitê pode falar com pessoas que não falariam com você nem mortas.

Masterson amou a idéia, e a Maioria Cristã Americana nasceu, tendo eleito, nos últimos seis anos, dois governadores, cinco senadores, vinte deputados federais e mais de cento e cinqüenta deputados estaduais no país. Masterson e a MCA tornaram-se uma força expressiva no Partido Republicano. Em quatro anos, eles iriam indicar seu primeiro candidato à presidência. Bob Masterson, com a ajuda de Mary Fried, era um corretor de poder muito importante na vida americana.

Mary cuidara do projeto MCA desde sua criação. E agora Masterson lhe entregava aquele abacaxi chamado Antônio Almeida.

O Projeto AA envolvia religião e política. Mary sabia que Masterson estava preocupado com o rapaz brasileiro, e ela tinha certeza de que ele autorizaria qualquer manobra suja para destruir o sujeito.

— Coitadinho do Jesus da Nova Era — pensou, enquanto imprimia uma lista das cinco maiores firmas de pesquisas de São Paulo. — O cara não tem a menor chance.

Assim que Almeida estivesse em sua alça de mira, ela atiraria. Ela iria vasculhar o pregador dos pés à cabeça e depois acabaria com ele. Ela era a rainha do jogo sujo.

Mary aprendera uma coisa importante em todos os seus anos de pesquisas de opinião pública: as pessoas não mudam. Cada geração carrega consigo os preconceitos, aspirações e medos passados de avô para pai e de pai para filho.

Ela era mestra na arte de usar o preconceito de um grupo contra outro.

— Divida as pessoas em categorias, defina o que elas não têm em comum e jogue uma contra a outra. Isso feito, o jogo é todo seu — costumava falar.

Ela fazia isso com prazer nas campanhas políticas. Mas com religião era outra coisa. Ela sabia que isso era brincar com dinamite.

Suas pesquisas mostravam que a religião era uma das principais motivações na vida de uma pessoa. Ela usava a Irlanda do Norte, os mártires árabes e os conquistadores do Mundo Novo como exemplos:

— Olhem ao seu redor. Vejam como pessoas morrem e matam em nome da fé. Tudo que se tem a fazer é manipulá-las — explicava Mary nos seminários fechados da CCM.

— Garotos japoneses atiraram-se contra navios de guerra americanos por um Deus do Sol; adolescentes muçulmanos fixam bombas em seus corpos por Alá. E aqui mesmo nos Estados Unidos vocês têm fanáticos religiosos citando a Escritura Sagrada para justificar racismo e pena de morte.

Mary estava convencida de que no novo milênio a política seria um jogo de várzea. A "Primeira Divisão", ela tinha certeza, seria disputada no campo da religião.

— Eu e Bob Masterson formamos um par perfeito — dizia ela a seus amigos mais íntimos. — O manipulador-mestre e a mestra do manipulador.

Ela sabia que Masterson poderia facilmente perder o rumo por causa desse tal de Almeida.

— Como um cara podia falar em uma língua e ser entendido em outra? — perguntou a si mesma.

Naquele momento, ela não estava considerando isso um grande problema; se não houvesse uma explicação lógica, ela simplesmente inventaria uma.

"Sempre podemos jogar a culpa no demônio", pensou.

Ela agora se ocupava em rotular Almeida. Era assim que ela sempre começava seu trabalho.

— Rotule e classifique. Uma vez que você tenha rotulado seu oponente, ele poderá ser dividido, dissecado e, se preciso, destruído — ensinava a seus assistentes.

Mary iniciou esse processo pondo seus próprios preconceitos para trabalhar. Certa vez ela disse a uma colega:

— As pessoas são a soma de seus preconceitos. Seus medos são mais fortes e falam mais alto que seus ideais. E hoje as pessoas têm medo. Elas temem o futuro porque têm pavor de mudanças. Elas têm medo de uma sociedade que está mudando depressa demais para elas. Por causa disso, as pessoas se isolam em grupos que compartilham os mesmos gostos e as mesmas aversões. Com todo esse medo rodando por aí, meu trabalho fica muito, mas muito mais fácil.

Sentada em seu escritório, Mary escreveu essas palavras em seu bloco de anotações:

GAROTO RICO, ELITISTA, MÍSTICO.

Dois anos atrás ela fizera um trabalho exaustivo com a Bíblia. Não uma pesquisa religiosa ou acadêmica. Ela não entendia a Bíblia mais que qualquer um. Ela usou a Bíblia para um projeto de pesquisa. Ela queria descobrir como os fanáticos, os cristãos tradicionais e as pessoas não filiadas a uma crença específica interpretavam a mesma passagem bíblica. Ela e mais de cem assistentes gastaram seis meses e setecentos e cinqüenta mil dólares da CCM para completar o trabalho.

Ela e Masterson consideraram que o dinheiro e o esforço tinham valido a pena. Eles conseguiam encontrar, instantaneamente, citações apropriadas para qualquer situação política ou moral. E o melhor de tudo é que eles sabiam quais citações teriam maior efeito sobre este ou aquele público. Mary e Bob dominavam o Velho e o Novo Testamento.

Se Masterson tinha de falar para um grupo de crentes sobre a pena de morte, por exemplo, ele usava a citação "Olho por olho". Os crentes adoravam isso. Eles esperavam por isso. Sentiam-se bem com isso. Então, Bob Masterson dava-lhes isso.

Mas essa citação não caiu bem com o público mais sofisticado. "Olho por olho" estava no Velho Testamento. O público mais sofisticado queria Jesus e o Novo Testamento. No banco de dados criado por Mary havia cinco ou seis citações de Jesus que podiam ser interpretadas como favoráveis à pena de morte. E Masterson era um mestre em manipular interpretações.

Quando Bob precisava de um gancho bíblico para uma palestra contra o aborto, ele tinha várias ao seu dispor, usando o Deus bravo que castiga para os fanáticos, e para os indecisos uma citação mais "*light*". Bob e Mary chamavam isso de religião sob medida: "Dê ao povo o que eles querem", dizia Masterson, "contanto que dancem conforme a minha música."

A atenção de Mary voltou-se para Antônio Almeida, o garoto latino cheio da grana. A Sagrada Escritura não gosta de dinheiro. "Dinheiro é ruim, pobreza é bom", anotou Mary em seu bloco.

Muito tempo atrás, Masterson dissera-lhe:

— Pessoas ricas sentem-se culpadas quando você diz que o dinheiro é ruim. E, quando se sentem culpadas, elas lhe dão um pouco de seu dinheiro para suavizar a culpa.

"Agora", pensou Mary olhando para seu bloco de anotações, "temos que encarar a questão da Nova Era. Isto é fácil mas ao mesmo tempo problemático. Terei que andar na corda bamba."

Suas pesquisas apontavam que os menos instruídos e pertencentes às classes baixas não compreendiam a filosofia da Nova Era. Eles viam a espiritualidade da Nova Era como alguma coisa nova e, portanto, temível. Na visão deles, a Nova Era representava tudo que era moderno e efêmero nessa sociedade que cada vez mais isolava as classes baixas. A Nova Era consistia num conceito muito vago para eles; não havia pecado, regras, muito menos um Deus raivoso para temer.

Muito tempo atrás, Mary aconselhara Masterson a não se meter com a Nova Era. Ela tinha certeza de que aquilo era mais uma onda passageira da elite. Mas, agora que eles estavam de olho em Almeida, Mary sentiu que ela teria que se atualizar sobre a filosofia da Nova Era.

E o melhor lugar para começar seria, provavelmente, São Paulo, no Brasil.

Mary decidiu realizar pessoalmente a pesquisa. Ela queria saber tudo sobre aquele sujeito.

Em sua mente ela já havia classificado todos os preconceitos: a Nova Era, dinheiro e latinidade. Agora ela poderia decompor Almeida conforme essas classificações. E então ela o destruiria.

"O que as pessoas têm em comum não serve para nada. O que vale é aquilo que as separa. Descubra quais são seus medos, ódios e preconceitos, e você conquistará seus corações e mentes", era uma de suas considerações favoritas.

Ela chamou seu assistente e pediu-lhe que reservasse uma passagem de ida e volta para São Paulo, com partida naquela noite e retorno para dali a cinco dias. Mary estendeu-lhe uma folha contendo o nome de três firmas de pesquisa que ela selecionara, pedindo-lhe que telefonasse para cada uma e marcasse reuniões para o dia seguinte à tarde.

— Diga-lhes que quero ver suas melhores apresentações e que tenho muito dinheiro para gastar.

Um sorriso nasceu em seus lábios quando ela começou a pesquisar na Internet à procura de *sites* sobre a Nova Era, Milênio e Espiritismo. A caçada havia começado, e Mary era a dona da caçada.

— É sempre melhor ser a raposa do que o coelho — murmurou alto para uma sala vazia.

Capítulo 8

Terça-feira, ano 2015

UMA VISÃO DO INFERNO

"Que tipo de Deus é ele? Enquanto permanecer um único fio de cabelo de amor por você mesmo, ele não lhe mostrará o seu rosto. Você precisa estar completamente repelido por você mesmo e pelo mundo e ser seu próprio inimigo (...) Leve seu coração para Deus e separe-o de tudo que não tem valor."

O Caminho Sufi do Amor: Os Ensinamentos Espirituais de Rumi

Distante da cúpula da CCM não apenas geograficamente, o padre Jean estava sentado em seu pequeno escritório, na reitoria da Igreja de São Paulo, em Nova York. Era o começo da tarde de terça-feira e ele já estava trabalhando no sermão do domingo.

Aquela missa de domingo seria especial, porque a igreja de São Paulo estaria comemorando seu primeiro centenário. Como a paróquia, graças a Jean, era uma das poucas igrejas católicas de periferia prosperando nos Estados Unidos, a arquidiocese de Nova York decidira divulgar amplamente o evento. No domingo, a missa seria transmitida não só para todo o território americano mas também para vários países africanos. Além disso, o novo papa demonstrara grande interesse pelo trabalho do padre Jean, e uma transmissão exclusiva seria vista pelo Santo Padre em seu apartamento no Vaticano.

Nos Estados Unidos, a missa seria exibida nos mais de cem sistemas a cabo que transmitiam o canal da Igreja Católica para mais de noventa por cento do país. Na África, em virtude da diferença de fusos horários, a igreja convenceu várias TV estatais a transmitir a missa em horários diferentes. A igreja bancaria o custo de tradução nos países onde o inglês não fosse a língua nativa.

Se para a arquidiocese aquela missa tinha grande valor, para o padre Jean o evento seria de especial importância. No domingo, durante a celebração, Jean revelaria suas visões para seus paroquianos e para o mundo. Jean tinha certeza de que o fim do sermão seria também o fim de sua carreira. Mas ele não poderia deixar de usar as câmeras de televisão para anunciar ao mundo que o milênio estava mesmo cumprindo sua promessa, que uma Nova Era estava nascendo na Terra.

Ele falaria de uma batalha. Não a batalha física e mortal do Armagedom, mas uma batalha para a alma humana. Jean falaria da procura dos espíritos da Terra por novas respostas aos velhos problemas nestes tempos materialistas. E, no final do sermão, contaria ao mundo as boas-novas: o Cristo mensageiro havia chegado.

Enquanto escrevia o sermão, Jean ouvia claramente uma voz suave, a mesma que vinha escutando nos últimos seis meses e que mais recentemente deixara de vir de uma fonte externa, tornando-se parte dele.

— Jean, não tenha medo: você está na luz. Mostre às pessoas como elas são ligadas umas com as outras, e como todos são ligados ao universo. Afaste-os do medo e da raiva e faça-os superar suas próprias vaidades e egos. Ajude os espíritos encarnados nesta Terra a olhar para dentro e para fora de si mesmos e, principalmente, prepare-os para receber o mensageiro que chegou.

O padre aceitou a tarefa com um sorriso. Ele sabia estar sendo inspirado por uma força exterior. Nas últimas semanas, Jean tornara-se um médium, vendo e ouvindo o que outras pessoas não conseguiam ver nem ouvir.

Em algumas ocasiões, Jean pôde entrever o outro lado da vida. Ele aprendeu que em alguns casos, para algumas almas, a vida pós-morte era meramente uma continuação da vida terrestre. Nessas suas espreitadas pelo além, o padre via os espíritos não como fantasmas ou formas enevoadas, mas como seres reais vivendo e prosseguindo com suas vidas lado a lado com espíritos encarnados na Terra.

Ao lembrar-se de uma experiência ocorrida no dia anterior, Jean não conteve um sorriso. Acontecera em sua lanchonete preferida, perto da igreja, onde ele estava almoçando. Enquanto comia, ele via espíritos desencarnados indo e vindo, levando suas vidas numa dimensão diferente mas não menos real que a terrestre. Aqueles espíritos não eram "fregueses" da lanchonete. Eles estavam ali, circulando, mas pertenciam a outro nível de vibração. Jean compreendeu que eles viviam em uma das muitas mansões de que Jesus falara. Seus mentores espirituais haviam ensinado que no universo há ainda muitos outros níveis de vida:

— Quando um espírito deixa o plano terrestre, ele é atraído a um plano de existência para o qual está preparado. O espírito habita aquela esfera até que esteja pronto para uma outra encarnação na Terra ou para prosseguir numa outra vibração.

— Não há infernos perpétuos — explicaram os guias. — As vibrações infernais são as mais baixas e densas. Nessas faixas, a beleza e harmonia do Mestre só podem ser vistas de relance. Os espíritos que lá habitam não ardem em chamas ou na lava derretida. Eles vivem em vibrações densas, baixas e escuras, fora da vibração divina. Isso não é um castigo, padre, é uma conseqüência de seus próprios atos.

Desde o florescimento de sua mediunidade, Jean tivera muitas visões, e agora uma imagem do inferno lentamente se formava à sua frente. Jean desejava que algumas das visões que ele presenciara nunca tivessem ocorrido; esta visita ao inferno seria uma delas.

Uma escuridão acinzentada lentamente o envolveu e um frio úmido penetrou seu corpo. À sua volta, numa tonalidade um pouco mais clara que a escuridão, Jean viu os espíritos que habitavam aquela esfera.

— Estes espíritos, Jean, estão presos aqui. Suas vibrações os trouxeram a este nível. Eles não são demônios e não estão sendo castigados. Eles estão simplesmente sofrendo as conseqüências de seus atos, pensamentos e intenções — declarou o guia.

Jean percebeu que aqueles espíritos se moviam lentamente, como se estivessem presos ao frio pesado, escuro e cinzento daquela vibração. O guia, captando os pensamentos do padre, explicou o que estava acontecendo:

— Eles não são almas perdidas, padre. Eles são espíritos presos, espíritos que se apegaram às vibrações densas de suas vidas terrestres: orgulho, raiva, medo, ódio e ciúme. Eles não foram capazes, em suas várias encarnações, de se separar de seus próprios egos, de suas ambições e de seu egoísmo. Eles eram, como vocês falam na Terra, "cheios de si mesmos", a ponto de não sobrar espaço para mais nada. Agora, neste lado da vida, onde a ilusão da Terra não existe, eles estão sentindo a verdadeira densidade, peso e escuridão de suas próprias vibrações. Deus não criou este inferno; foram os espíritos que o criaram com sua própria insanidade.

O guia pediu ao padre que olhasse para longe, onde uma luz penetrava a névoa úmida e escura.

— Está vendo a luz no horizonte? Essa luz não é fraca e não falha. O amor e o poder de Deus são sentidos até mesmo aqui. Se esses espíritos parassem, meditassem e se separassem de si mesmos, sentiriam os raios de sua luz aquecer suas almas.

Padre Jean estudou a cena e perguntou que tipo de espírito acabava caindo naquele lugar. O guia respondeu com uma pergunta:

— Qual é, em sua opinião, a pior ofensa que um ser humano pode cometer?

O padre refletiu por um breve instante e respondeu:

— Depois de suicídio, assassinato.

— Por que diz isso? — perguntou o guia.

— Assassinato é uma ofensa contra a humanidade e contra Deus.

— Então deixe-me contar uma história sobre dois assassinos — disse o guia. — Os dois morreram mais ou menos na mesma época. O primeiro matou por causa de uma paixão feroz. O segundo tinha eliminado friamente um empresário rival.

O guia disse que um deles estava naquela vibração escura e o outro numa outra, onde estava acertando seu equilíbrio cármico não apenas com sua vítima mas também com todos que tinham sido direta ou indiretamente afetados pelo assassinato.

— Qual deles você acha que está aqui? — perguntou o guia.

Jean sacudiu os ombros e disse que não tinha a menor idéia da resposta.

— O espírito que matou por paixão está aqui. Esta é uma vibração de emoções densas, onde residem os espíritos que não conseguiram separar-se da raiva, da fúria e do ódio. O espírito que matou friamente está em outro lugar, lidando com as conseqüências de seus atos, especialmente com as forças cármicas que ele desencadeou.

O padre não conseguia entender por que os dois espíritos tinham sido levados para níveis de vibração diferentes.

— Afinal — justificava Jean —, assassinato é assassinato.

— Sim, assassinato é assassinato, mas com intenções e motivos diferentes. Um homem que comete assassinatos em série, estupra, tortura e brutaliza suas vítimas estaria na mesma freqüência de um assassino profissional que mata por dinheiro? As motivações de um são diferentes das motivações do outro. Um está agindo por impulso e o outro por motivação financeira. As intenções são diferentes, portanto o carma criado é diferente.

O guia explicou a Jean que a justiça na Terra ou é preta ou é branca.

— E é assim que deve ser — declarou. — Espíritos encarnados precisam de diretrizes fortes e bem definidas. Mas do lado de cá a coisa é diferente. Aqui não há julgamentos, portanto há muitos tons de branco, cinza e preto.

Jean desculpou-se, dizendo não ter ainda compreendido exatamente o que o guia estava tentando dizer.

— Vou dar um exemplo — propôs o guia. — Uma criança não aprende da mesma forma que um adulto. A criança e o adulto estão em níveis diferentes de desenvolvimento. Aqui é a mesma coisa: níveis e faixas diferentes. Quanto mais alto você evolui, maior é sua responsabilidade. Isso explica por que dois espíritos cometem o mesmo ato e os resultados acabam sendo diferentes para cada um.

O padre quis saber quanto tempo os espíritos permaneciam naquela vibração.

— Vou repetir, padre: não há regras. Tudo depende do espírito. Auxílio e orientação estão próximos, porque espíritos das vibrações mais altas podem vir até aqui, se for necessário. São esses caras — o guia apontou para as formas cinza-escuro à sua volta — que não podem ir embora enquanto não estiverem prontos.

Ele então perguntou se o padre havia notado algo estranho. Jean pensou por um momento, sorriu e respondeu:

— Eles não podem ver a gente, é isso?

— Você está certo — respondeu o guia, explicando que os espíritos daquele nível não podiam vê-los porque ele e o padre estavam numa freqüência mais alta. — É a mesma coisa na Terra — acrescentou. — Almas terrestres não podem ver o mundo espiritual ao seu redor porque as vibrações não combinam.

— Como a lanchonete — observou o padre.

— Sim, exatamente como a lanchonete — confirmou o guia, sorrindo.

Nada disso estaria no sermão de domingo. As verdades sobre o mundo espiritual ficariam por conta do pregador brasileiro de cabelos escuros. A missão de Jean era anunciar sua chegada.

— Você nasceu nesta Terra não para mostrar o caminho, Jean — lembrou-lhe o guia —, mas para prepará-lo.

Após a partida do guia, as lembranças daquela esfera inferior foram se desvanecendo lenta e dolorosamente.

O padre lembrou-se então da reunião com o arcebispo no dia anterior. Jean fora chamado a seu escritório para discutir os eventos do domingo.

Na reunião, o padre tinha visto não só o corpo físico daquele homem, mas também o espiritual. Observando a aura que envolvia o espírito do arcebispo, Jean obteve a certeza de que aquele era um homem bom, que acreditava em sua religião. Mas, como a maioria dos homens, ele tinha se desviado ao longo do caminho. A administração da igreja, a política e as relações com autoridades locais, estaduais e nacionais haviam tirado o arcebispo Farley da trilha que o levara para a igreja trinta anos atrás.

Olhando para o homem sentado atrás da escrivaninha que os separava, Jean via um homem infeliz e sem rumo. As distrações da Terra tinham arrancado um jovem padre do caminho escolhido e colocado um homem de meia-idade atrás de uma enorme escrivaninha.

Depois de discutir os detalhes finais da transmissão, o arcebispo lembrou Jean da importância daquela missa.

— Como você sabe, padre, a igreja não tem tido muita sorte em converter os africanos. Aqui nos Estados Unidos nossos índices de conversão entre os negros também não estão lá essas coisas. Você é nosso exemplo, você é nossa maior estrela. Até o papa demonstrou interesse em você. Isso pode dar em algo interessante, quem sabe? Acho que você está no caminho certo para se tornar bispo.

O arcebispo, o bom homem que havia perdido seu rumo, estaria na Igreja de São Paulo, no domingo, celebrando a missa com o padre Jean. O Santo Padre estaria assistindo de Roma.

Mas o sermão seria dado por Jean. E ele sabia que aquele sermão pertencia ao homem de cabelos escuros do Brasil.

Capítulo 9

Mesma terça-feira, ano 2015

ATRÁS DA VERDADE

"Não ajunteis para vós tesouros na Terra, onde a traça e a ferrugem os consomem, e onde os ladrões minam e roubam; mas ajuntai para vós tesouros no céu, onde nem a traça nem a ferrugem os consomem, e onde os ladrões não minam nem roubam."

Mateus 6:19–20

Bob Masterson estava sozinho em seu escritório, localizado exatamente acima da sala de Bill Hanley. Batendo os dedos no tampo da escrivaninha, ele procurava se concentrar nas providências que já havia tomado e nas que ainda precisaria fazer nos próximos dias.

— Vamos estabelecer prioridades — disse ele a si mesmo.

Dali a mais ou menos quarenta e cinco minutos ele entraria em seu elevador particular e desceria até o primeiro andar para gravar os programas do *Clube de Cristo*. Antes disso, porém, ele precisaria ler as anotações que o pessoal da produção preparara sobre os convidados. Masterson não gostava de surpresas, por isso, mesmo quando os convidados eram assíduos do programa, ele lia atentamente o relatório de sua produção. Munido desses dados, ele começou a avaliar como seria o programa.

Entrevista número um: Phyllis McCord. Esta senhora era uma veterana dos velhos tempos, famosa por suas posturas contra o aborto, contra o feminismo e contra os imigrantes. Masterson às vezes se perguntava se alguma vez Phyllis fora *a favor* de alguma coisa. Os produtores sugeriam que ele lhe perguntasse sobre suas últimas conquistas na luta contra o aborto.

O convidado seguinte seria Peter Antonelli, cuja filha fora estuprada, torturada e assassinada havia oito anos. O assassino, um tal de Emilio Caldeira, estava preso havia sete anos no corredor da morte na Califórnia. Suas apelações legais haviam se esgotado e a execução estava marcada para dali a duas semanas.

Antonelli, como sempre, usaria o programa para falar em prol da pena de morte. Muito tempo atrás, Masterson tinha se declarado favorável a esse tipo de punição, citando o "olho por olho" do Velho Testamento como justificativa. Antonelli era sempre uma atração eficiente, de alto impacto emocional, e isso dava a Masterson a certeza de que esse programa seria muito bom.

O último convidado seria Billy Tyler. Tyler acabara de voltar de uma temporada de três anos como missionário da CCM na Ásia e estava trazendo consigo um vídeo sobre as obras da Cruzada naquele continente. O relatório da produção avisava que Tyler falaria sobre as dificuldades da CCM em divulgar o evangelho numa área dominada pela superstição e pelo misticismo.

Lendo o relatório, Masterson recordou-se de suas recentes negociações com o governo chinês. Por vários anos a China proibira a presença da CCM em seu território, e Masterson aguardou todo esse tempo uma brecha por onde a Cruzada pudesse entrar para salvar bilhões de almas chinesas. Nos últimos meses, no entanto, a cúpula chinesa, preocupada com as tensões e inquietudes trazidas pela modernidade, vinha olhando para a CCM de Masterson com novos e bons olhos. A Cruzada, com sua postura conservadora e pró-governo, poderia ser usada como um contrapeso às correntes liberais que vinham fervilhando na sociedade chinesa.

"Em poucos meses", pensou Masterson, "eu terei iniciado minha campanha 'Vamos Salvar Um Bilhão de Almas para Jesus', e o governo chinês terá a estabilidade necessária para controlar aquelas almas."

Masterson era pragmático. Ele não via nada de imoral ou antiético em negociar com um governo que durante anos perseguira e sufocara a religião.

— Os tempos mudam e você tem que mudar com eles — respondia Masterson a seus assessores quando eles questionavam seu namoro com a última safra de líderes chineses.

Tendo lido o roteiro do primeiro programa, Masterson voltou-se para sua mais nova obsessão.

"Antônio Almeida... Quem é esse cara?", é o que Bob queria saber.

Seus pensamentos haviam retornado para o pregador brasileiro e mentalmente Masterson ia classificando e analisando informações e ações.

"Martelli irá vasculhar as finanças do rapaz. Se houver algo, Phil com certeza encontrará, manipulará e me entregará numa bandeja de prata."

"Mary Fried... Nunca confiei totalmente nela. Mas ela atacará Almeida como um mangusto em cima de uma cobra naja. Ela vai desmascarar esse cara, descobrir qual é a dele e dar-lhe um chute no saco."

Bill Hanley era um caso diferente. Masterson confiava plenamente nele, ou pelo menos sabia como ele iria reagir em determinada situação. "Bill, o Agnóstico", era como ele afetuosamente o chamava. Já fazia algum tempo que Hanley deixara de dirigir Masterson no *Clube de Cristo* e passara a comandar toda a programação e produção da rede da CCM.

Há muito que Masterson suspeitava que Hanley não comprava o peixe religioso vendido pela CCM, mas isso não importava, porque ele sabia que Bill era um profissional competente e, acima de tudo, um amigo. Masterson tinha a certeza de que Hanley iria se concentrar em Almeida como um raio laser, dando a Masterson tudo que ele precisava saber sobre a vida pessoal de Almeida. Hanley faria isso e o faria bem-feito, porque Hanley não acreditava em nada.

A mente metódica de Masterson continuava a preparar as próximas jogadas.

Prioridade número um: verificar se as fitas foram adulteradas e se há uma explicação lógica para Almeida, falando em português, ser compreendido por qualquer um, inclusive Masterson. Ele cuidaria disso imediatamente. Sua secretária já havia solicitado um portador, e dentro de uma hora a fita estaria a caminho de Washington, D.C., onde passaria por uma bateria de testes nos sofisticados aparelhos eletrônicos da McKinsley-Coughlin, empresa de segurança altamente especializada e sigilosa, com serviços prestados inclusive para o FBI e a CIA. A resposta viria em no máximo três dias, e Masterson já havia transferido para a conta daquela empresa a primeira das três parcelas de cinqüenta mil dólares. A McKinsley-Coughlin não era barateira.

Para Masterson, o mistério do idioma era o xis da questão. Se as fitas tinham sido modificadas, tudo que ele teria de fazer era descobrir por quem e por que foram alteradas. Mas, se não houve alteração... bem, isso seria uma outra história.

Pelo que ouviu naquelas fitas, Masterson sabia que o que Almeida pregava era coisa velha, mais antiga do que o próprio cristianismo. Porém, se os testes comprovassem a autenticidade das fitas, Masterson sabia que as velhas idéias de Almeida se tornariam um problema a ser encarado.

Mas intimamente, longe das maquinações de sua mente metódica, Bob Masterson sabia qual era a verdade.

No dia anterior, depois falar com o gerente da filial brasileira, Masterson fez uma ligação para a Universidade da CCM, onde muitos alunos estrangeiros estavam matriculados, e pediu ao reitor que lhe mandasse três estudantes: um brasileiro, um russo e um egípcio. Ele disse ao reitor que estava pensando em usar esses estudantes num especial de televisão. Masterson instruiu sua secretária para marcar três reuniões diferentes: primeiro a brasileira, depois o russo e por último o egípcio.

A brasileira, Maria Rosa Cavalcante, tinha vinte e um anos e era de Salvador, na Bahia. Chegou às três e meia da tarde no escritório de Masterson. A entrevista começou com o evangélico fazendo algumas perguntas banais: de onde ela era, como ficou sabendo da Universidade da CCM e quais eram seus planos depois de formada, etc., etc., etc. Ele informou-lhe que estava pensando em produzir um programa de televisão sobre estudantes estrangeiros na Universidade da CCM e perguntou se ela estaria interessada em participar.

A jovem ficou lisonjeada, e Masterson avisou que em breve estaria entrando em contato com ela. A moça estava quase saindo do escritório quando Masterson a chamou de volta.

— Puxa, já ia me esquecendo! Tenho aqui uma fita que veio do Brasil. Você poderia ouvir um trechinho e traduzir para mim?

Mais uma vez lisonjeada, Maria Rosa sentou-se na cadeira, e Masterson passou três minutos da fita de Antônio Almeida. A estudante fez uma perfeita tradução simultânea do português para o inglês.

— Tem uma coisa que eu gostaria de saber — perguntou Masterson quando ela terminou. — O Brasil é um país tão grande... Vocês têm sotaques regionais, como aqui nos Estados Unidos?

Ela respondeu que no Brasil havia vários sotaques diferentes.

— E qual é o sotaque desse cara?

— Interessante o senhor ter perguntado, porque o sotaque dele é o mesmo que o meu, da Bahia.

O evangélico agradeceu-lhe a ajuda. Maria Rosa sorriu e deixou o escritório.

O estudante egípcio veio logo a seguir, e depois dele foi a vez do russo. Ambos foram capazes de traduzir para o inglês o que ouviram na fita. O egípcio disse que o homem falava como seu tio Oman, e o russo identificou o sotaque como sendo o de sua cidade natal.

Bob estava pagando cento e cinqüenta mil dólares à McKinsley-Coughlin para confirmar o que já ele sabia: não havia uma explicação lógica para o que estava acontecendo. Mas, como sempre, Masterson era um homem cauteloso, que alinhava cuidadosamente seus peões antes de fazer a primeira jogada.

"Talvez amanhã seja o dia de mover mais um peão", pensou Masterson.

Mary Fried vivia lhe dizendo que o que ele falava no *Clube de Cristo* não tinha importância alguma.

— Você está falando para os fiéis nesse programa — declarou ela. — Eles têm pouco a ver com nosso objetivo principal. A mídia despreza tudo que acontece nesse programa, pois considera o *Clube de Cristo* irrelevante.

Ela chegou a fazer uma comparação com os discursos de Adolf Hitler nos Beer Halls de Munique, explicando que a classe média alemã, inclusive os judeus, ignoravam o que Hitler gritava em seus discursos fanáticos nos Beer Halls.

— O alemão comum perdoava e tolerava o Hitler dos Beer Halls, dizendo que ele não era realmente assim e que o que ele falava naqueles discursos servia apenas para manter os fiéis na linha — explicou Mary.

Depois daquela conversa com Mary, Masterson passou a encarar o programa como o seu próprio Beer Hall, onde ele podia dizer quase tudo que queria sem se preocupar com as conseqüências.

No decorrer dos anos, com a ajuda de Mary, ele utilizou habilmente o *Clube de Cristo* para manter na linha os seguidores de sua doutrina, enquanto ia, lentamente, construindo uma nova e mais respeitada imagem fora desse seu rebanho.

No dia seguinte, durante a gravação do programa, ele usaria aquele púlpito para dar os primeiros tiros de advertência na batalha que ele via surgir à sua frente.

Capítulo 10

Noite da mesma terça-feira, ano 2015

ALMEIDA, ABORTO E UMA PALAVRA SOBRE ADÃO E EVA

"Eu não vou questionar as suas opiniões. Eu não vou interferir em sua crença. Eu não vou dar ordens para a sua mente. Tudo que eu digo é: examine e pergunte. Olhe para dentro da natureza das coisas. Pesquise as bases de suas opiniões, os prós e os contras. Saiba por que você acredita e entende o que eu acredito e possua razão para a fé que está em você."

Frances Wright (1795–1852)

Toda terça-feira, por volta das sete da noite, Almeida jantava em seu galpão com alguns amigos. Cada uma das vinte e poucas pessoas que compareciam trazia consigo algum tipo de alimento: pão, frango, batatas, legumes, macarrão, queijos e sobremesas.

Nesta noite, vinte pessoas, representando quase todos os segmentos da sociedade brasileira, se reuniram com Almeida na maior sala do galpão. Alguns eram velhos amigos do pregador, que os chamava espirituosamente de "amigos da primeira encarnação", por tê-los conhecido ainda em seus dias de estudante sustentado pelo pai milionário. Esse grupo de "amigos da primeira encarnação" era formado por corretores da bolsa de valores, empresários, advogados, professores e donas de casa. Alguns deles traziam seus filhos para esses jantares semanais.

O segundo grupo, que Almeida chamava de "amigos feitos ao longo do caminho", era constituído por pessoas que o pregador conheceu quando começou a pregar, três anos atrás.

Os "amigos feitos ao longo do caminho" eram um grupo heterogêneo composto de escritores, executivos, um médico, um funcionário público, um jornalista, um monge budista e até mesmo um veterinário.

Esses jantares realizados semanalmente eram na verdade apenas uma desculpa para que pudessem se encontrar. Depois da refeição, o grupo sentava-se e conversava. Esta noite não seria uma exceção.

Sentados nas cadeiras ou mesmo no chão com as pernas cruzadas, cada um podia falar o que quisesse sobre sua vida. Antônio chamava esses jantares de "terapia de grupo semanal", e nenhum assunto era considerado proibido ou inapropriado. A única coisa que Almeida pedia era que não houvesse discussões nem brigas e que as opiniões, perguntas e problemas de cada um fossem respeitados, porque, segundo ele, "isso não é exatamente um encontro de oração tradicional, mas poderia ser. Quando as pessoas se reúnem para ajudar umas às outras, há oração. E, para que essa oração possa ser positiva e saudável, vamos deixar as discussões de lado". Ele continuou, dizendo que aquilo não era uma competição, e que não havia premiação para o mais brilhante, o mais espirituoso, o mais neurótico ou o mais problemático.

— Mantenham as vibrações positivas, deixem as negativas do lado de fora! — era a única coisa que o jovem pregador pedia.

Essas conversas costumavam varar a noite em virtude daquele ambiente leve, aberto e caloroso, propício a que as pessoas, sem medo, expusessem suas almas. Como Antônio uma vez explicou:

— Isso também é oração, porque vocês estão se comunicando com Deus e com vocês mesmos.

A conversa desta noite começou quando a ex-namorada de Antônio, integrante do grupo "primeira encarnação", revelou:

— Acho que vou fazer um aborto, Toninho.

Todos os olhares se voltaram para a jovem. Seu nome era Fernanda Silveira. Ela era amiga de infância de Almeida, e os dois chegaram a namorar no final da adolescência. Hoje eles eram amigos íntimos, e pelo menos duas vezes por semana Fernanda visitava-o no galpão.

Almeida, sentado em uma longa mesa de madeira no centro da sala, também voltou sua atenção a Fernanda, perguntando-lhe o motivo de tal resolução.

— É porque estou grávida e não queria estar — respondeu com um riso nervoso. — Poderia haver alguma outra razão? — desafiou.

— Bem, há algumas que me vêm à mente — gracejou Antônio. — Mas, na maioria das vezes, as razões são irrelevantes. Conte para a gente o que está acontecendo.

Fernanda olhou para o grupo e começou a contar sua história. Ela estava com vinte e seis anos, não era casada e estava iniciando uma carreira promissora em um dos mais respeitados escritórios de advocacia do país. Ela não queria engravidar ou casar, e não estava interessada em criar um filho nessa fase de sua vida.

— Eu não estou pronta, e, além disso, seria uma mãe horrível — admitiu.

Fernanda sabia que o aborto era ilegal no Brasil, por isso já estava com passagem marcada para os Estados Unidos, onde faria a operação.

— Fê — disse Almeida, chamando-a pelo apelido —, se você está tentando me chocar, sinto dizer que não funcionou. Se você quer saber o que eu penso sobre aborto, esqueça. E, se você quer que eu lhe convença, de uma maneira ou de outra, esqueça também. Eu não posso. Esse é um exemplo perfeito de livre-arbítrio. A escolha é sua, não minha.

Algumas das mulheres presentes iniciaram um ruidoso aplauso, mas Almeida levantou a mão abruptamente, fazendo-as parar, e disse com um sorriso nos lábios:

— As feministas que me desculpem, mas vou ter que esclarecer minhas palavras. Isto não é um caso de escolha porque ela, como mulher, tem o direito de fazer o que quer com seu corpo. A escolha neste caso é diferente. A escolha é de Fernanda porque ela, um espírito em evolução, tem a obrigação de usar seu livre-arbítrio.

Almeida adiantou que aborto era um assunto polêmico, "como tudo hoje em dia. Nesta era em que vivemos, as pessoas se apressam a tomar partido e formar suas opiniões", lamentou ele.

Antônio continuou falando para Fernanda e o grupo, que estava ouvindo atentamente cada uma de suas palavras.

— Eu não vou interferir em sua escolha nem vou questionar sua opinião. Se você acha que chegou à decisão certa, então vá em frente. Sua mente não deve acatar a vontade de ninguém.

Naquele momento, um zunzum começou a tomar conta do grupo. Aborto era um assunto que incendiava as emoções no mundo todo, principalmente nos países católicos, como o Brasil. Antônio pediu silêncio a seus amigos e prosseguiu:

— Tudo que posso dizer é: ouça e depois decida. Se você quer e está pronta para ouvir, eu explicarei o que está envolvido nessa história.

Fernanda e as demais mulheres da sala fizeram sinal afirmativo com a cabeça.

— Antes de encarnar nesta Terra, um espírito auxiliado por seus guias e mentores faz uma reflexão sobre suas vidas passadas. Depois, eles começam a moldar uma nova encarnação, que precisa estar afinada com a vibração e o carma do próprio espírito.

Antônio olhou ao redor da sala para se assegurar de que todos estavam entendendo suas palavras. Então ele falou diretamente para Fernanda:

— Em outras palavras, Fê, você escolheu a sua vida. Trabalhando com seus guias, você talhou uma encarnação na qual você iria enfrentar situações e circunstâncias necessárias ao crescimento de seu espírito.

Almeida interrompeu sua explicação e avisou ao grupo que ele iria fazer algo que raramente fazia: usar seus poderes paranormais.

— As pessoas desta Terra costumam consultar médiuns ou videntes para saber como viver suas vidas. Mas vocês estão encarnados para viver no aqui e no agora, e não no futuro ou no passado. Vocês estão nesta Terra para fazer suas próprias escolhas. Eu quero ajudar Fernanda a fazer uma escolha, não fazer a escolha por ela. E para isso vou ter que olhar para além deste aqui-agora.

Uma onda de expectativa tomou conta da sala. Preocupada, Fernanda olhou para Antônio, mas ele simplesmente sorriu, pedindo-lhe que relaxasse.

— Nada de ruim vai acontecer. Não vou invocar nenhuma alma penada. Eu vou simplesmente ler a sua alma.

Ele respirou fundo e continuou:

— Como todos os outros aqui, você traçou a vida que agora está vivendo. Você foi atraída por seus pais em virtude de um relacionamento carmático criado durante outras encarnações. Nesta vida, como criança você aprendeu com eles, e agora como adulta eles estão aprendendo com você. Você nasceu neste país porque na vibração do Brasil você está encontrando os desafios de que sua alma necessita. Você é uma advogada num país de injustiças, onde os poderosos fazem as leis. Por causa disso, todo dia você tem que escolher entre as forças desta vibração e a voz interior de seu espírito. Ser uma advogada tentando cumprir a lei numa vibração como esta não é fácil, e você escolheu nascer neste país justamente por causa disso.

Fernanda perguntou o que ele queria dizer com aquilo. Antônio explicou que sua profissão, a advocacia, era freqüentemente usada não para fazer justiça mas para obter vantagens.

— Você sabe a diferença. Seu espírito alcançou um ponto de evolução em que ele sabe onde fica a justiça. Você está nesta Terra e neste país como uma talentosa advogada para fazer escolhas. Você, antes de reencarnar, traçou uma vida cheia de escolhas.

Almeida explicou que, à medida que evolui, o espírito depara com mais escolhas. Para explicar isso, Antônio utilizou um exemplo simples: um bebê.

— Um recém-nascido não pode escolher por si mesmo, então poucas opções são oferecidas. Conforme a criança amadurece, as alternativas se sucedem. Com o espírito acontece a mesma coisa. Um espírito primitivo não se adapta a uma vibração em que as escolhas são complexas. Ele não está pronto, e não haveria nada para aprender numa vibração dessas. Vocês podem ver agora a lógica e a perfeição do universo: as escolhas vêm somente quando estamos prontos. E, com o aparecimento de mais alternativas, aumentam também as conseqüências.

Almeida dirigiu-se para Fernanda e falou:

— É por isso que eu disse que as razões por trás de sua escolha de abortar são irrelevantes. Razões são irrelevantes. O importante é a escolha, e também a intenção e a motivação por trás dessa escolha.

Alguém do grupo perguntou:

— Se Fernanda fizer o aborto, ela não estará impedindo um espírito de entrar neste mundo? Ela não estará impedindo uma outra alma de viver sua vida? Isso não é assassinato?

Almeida explicou que uma pergunta dessas não poderia ser respondida com um simples "sim" ou "não".

— O espírito que agora está ao lado dela esperando encarnar poderia ter criado essa situação para provocar Fernanda. Talvez esse espírito não esteja destinado a nascer e esteja cumprindo um papel carmático com ela, dando-lhe a chance de escolher. Nada acontece por acaso e nada é tão simples como parece.

Antônio ampliou sua resposta:

— Todo mundo enfrenta inúmeras escolhas todos os dias, e não cabe a ninguém dizer se as decisões foram certas ou erradas. Nenhuma pessoa pode dizer qual efeito terão as escolhas no carma de cada um.

Levantando-se da mesa onde estava sentado, Antônio caminhou até o lugar em que estava Fernanda.

— Vou contar uma história que vocês já ouviram muitas vezes. E, talvez porque já a tenham ouvido tantas vezes, devem estar cheios dela e desistiram de entendê-la. — Ele deu uma risada e acrescentou: — Eu sei disso porque quando era moleque eu não agüentava mais ouvir essa história.

Almeida disse que iria falar de Adão e Eva.

— Lembram-se deles, não? Aqueles adolescentes avoados que comeram na banca de frutas errada? Pois bem, vou analisar cada palavra, começando com a parte em que Deus soprou a vida num monte de pó. Esse sopro é chamado espírito. Deus pegou sua energia, ou seu espírito, e o colocou em nós. Nós viemos dele. Nós somos parte dele, e é isso que esta parte da história de Adão e Eva nos ensina.

Almeida então relembrou a parte em que Deus criou Eva a partir de uma costela de Adão.

— Adão nasceu do sopro ou espírito de Deus, e Eva foi criada a partir da costela de Adão. O cara que escreveu essa parte da Bíblia estava querendo dizer o seguinte: muitos a partir de um. Nós somos muitos e diferentes seres humanos. Mas todos nós temos a mesma origem.

Almeida esfregou as mãos e continuou com sua narrativa:

— Até aquele momento, as coisas iam bem. Mas Deus tinha imposto uma condição. No meio do jardim havia uma árvore. Deus disse a Adão e Eva que tudo naquele jardim era deles, menos a árvore. Aquela árvore era o que lhes permitiria distinguir o que era bom do que era ruim. "Se comerem dessa fruta, vocês morrerão", foi o que ele disse aos dois.

— Preciso esclarecer uma coisa — interpôs Almeida. — Nesta história, Adão simboliza a primeira leva de espíritos que encarnaram na Terra. Esses espíritos estavam apenas começando sua evolução aqui. Vocês se lembram do que eu falei sobre os bebês? Guardem isso na cabeça.

Sentindo uma certa inquietação nas pessoas que o ouviam, Almeida fez um pedido:

— Vocês estão esperando que eu chegue ao ponto. Devem estar perguntando o que isso tem a ver com aborto. Relaxem. Esta história tem tudo a ver com aborto, e com mais um monte de outras coisas também.

Almeida continuou sua narrativa, dizendo que todos sabiam que uma cobra falante tinha aparecido para estragar tudo.

— A cobra disse a Eva que ela podia comer a fruta sem medo de morrer e que na verdade a maçã lhe daria conhecimento, deixando-a sábia como Deus. Bem, a gente sabe como a história terminou. Eva comeu a fruta e começou a menstruar. Adão teve que agüentar suas TPMs e dali em diante iria ter que camelar para sobreviver. E ninguém na Terra, desde aquele dia, viveu feliz para sempre.

O grupo todo caiu na gargalhada. Almeida, num tom mais sério, continuou:

— É lógico que não havia nenhuma cobra falante. Não havia nenhuma árvore da sabedoria. Afinal, então, essa história é sobre o quê? Esse conto está com a gente desde o começo dos tempos. Existe verdade nele? Como eu sempre digo, há verdade em tudo. É o homem que, quando não entende a verdade, coloca baboseira.

Almeida descreveu-lhes o Éden como um jardim de beleza majestosa, paz e harmonia. O Éden pertencia às mais altas vibrações, onde há equilíbrio perfeito e os ciclos da natureza estão em sincronia com os ciclos do espírito.

— Visualizem as cores mais puras ou o dia mais perfeito que vocês já vivenciaram e vocês terão uma pequeníssima idéia de como são as altas vibrações — ilustrou Antônio. — Todos os espíritos foram criados dessa vibração e é para lá que todos os espíritos um dia retornarão. Mas, para isso, o espírito precisa estar livre dos apegos às vibrações baixas. A história do Gênesis é sobre isso: não basta comer uma maçã ou dizer uma prece ou ler um livro para evoluir. O que a história ensina é bem claro: para alcançar a mais alta, pura e leve vibração, nós precisamos experimentar, trabalhar, renascer, viver e morrer. Como foi dito nessa história que acabei de contar, "do suor de seu rosto você comerá pão até retornar para a terra, pois dela você foi tirado; você é pó e ao pó retornará". Nossos espíritos encarnam no pó. O pó é o corpo físico, e esse corpo, quando morre, retorna ao pó da terra. Gênesis é sobre escolha, e nos diz que não há caminho fácil para encontrar a sabedoria que procuramos. Ninguém pode dar as suas respostas. Não há maçãs mágicas, árvores misteriosas ou orações místicas para iluminar sua alma. Somente você, na sua hora, pode descobrir por você mesmo o que é certo e o que é errado. E isso pode acontecer unicamente por meio da escolha e não porque você está seguindo uma ordem.

Ele fitou diretamente os olhos de sua amiga Fernanda quando disse:

— Eu poderia ajudar você nessa escolha, Fê. Eu vejo o espírito esperando ser seu filho. Eu posso até explicar por que ele escolheu você. Mas não vou. Não posso ser sua macieira: a escolha é sua. É o seu carma, o seu trabalho, a sua decisão. Nada disso é meu ou — enfatizou, olhando diretamente para as amigas de Fernanda — de qualquer pessoa nesta sala. Uma escolha é uma decisão, e uma decisão não é certa ou errada. Você tem conhecimento e você sabe o que está envolvido. Você conhece todas as opções disponíveis. A escolha é sua, porque a vida é sua.

Almeida estava voltando para seu lugar na comprida mesa de madeira, quando parou e acrescentou:

— Ah! Por falar nisso, esqueçam todo aquele papo de pecado original. O pecado original é meramente um outro jeito de dizer apego: apego ao ego, à vaidade, ao orgulho e ao poder. Libertem-se desses apegos e voem para vibrações mais altas. Nossa amiga Eva queria ser como Deus, mas ela não estava pronta. Seu ego entrou no caminho.

Um homem idoso sentado num canto distante da sala levantou a mão e fez uma pergunta. Antônio, que agora estava sentado na mesa, acenou para ele.

— Você facilita demais as coisas, Antônio. As pessoas precisam de orientação e de alguém que diga o que é certo e o que é errado. Imagine onde a gente estaria se todo mundo fizesse o que bem entendesse. O mundo estaria um caos.

Almeida perdeu a paciência. Ele se levantou e não fez questão de esconder sua frustração. Ele se dirigiu ao grupo num tom de voz mais alto que o habitual:

— Será que vocês não percebem que já estão no caos? Um caos criado pelo medo, pelo ciúme, pelo ódio! As pessoas já estão fazendo o que bem entendem, por isso vamos parar com a hipocrisia de uma vez por todas.

Ele respirou fundo para recuperar a calma e disse:

— Lembram-se do que eu ensinei sobre intenções? Se você é adepto de uma determinada igreja, religião ou credo e segue seus ensinamentos por causa do medo, você não está evoluindo. Você está deixando o medo ser a sua motivação quando você diz: "É melhor eu fazer isso ou aquilo, assim estarei acumulando créditos no céu". O espírito que faz isso está deixando os outros controlarem sua vida, porque os outros é que estão tomando as decisões para ele. Se é para se render às crenças ou aos ideais alheios, qual seria então a razão de viver nesta esfera?

Almeida dirigiu-se novamente a Fernanda, falando agora num tom mais suave:

— Minha querida Fê, eu poderia dizer o que fazer, mas eu a amo demais para fazer isso. Eu poderia dizer que é errado fazer aborto, mas que bem isso faria? Pense e aja por si mesma, porque somente assim você vai aprender e crescer. E isso vale para todos vocês e é a minha mensagem. Foi por causa disso que eu voltei: para dizer a todos que deixem suas idéias preconcebidas para trás e que atirem seus medos no entulho da história.

Capítulo 11

Quarta-feira à tarde, ano 2015

OS FALSOS PROFETAS

O maquiador completou os últimos retoques no rosto de Masterson e em poucos minutos começaria a gravação dos programas *Clube de Cristo* que iriam ao ar na semana seguinte. Masterson sempre mantinha pelo menos uma semana de programas gravados com antecedência, o que lhe garantia flexibilidade para cumprir seus outros compromissos.

Francine Boyer, sua assistente, deu três batidas na porta e entrou no camarim para avisar que a gravação iria começar em cinco minutos. Olhando para ela pelo reflexo do espelho, Masterson fez um aceno com a mão e disse que já estava pronto para ir.

— Meus alemães estão lá fora — disse ele, sorrindo para si mesmo. — Vou dar a eles aquilo que esperam.

Cerca de meia hora atrás, Masterson chegara a uma decisão final. Hoje, ele iria disparar os primeiros tiros de uma guerra. Essa guerra, ele sabia, seria uma luta crucial para o futuro da CCM, para o seu próprio futuro político e tudo o mais que ele construiu durante os últimos trinta anos.

Sentado no camarim, Masterson refletiu sobre aqueles trinta anos. Seu pai fora um juiz de interior no pequeno e pobre estado de Missouri. Honesto e severo, o pai o enviara para a Universidade Bíblica de Missouri, onde aprenderia a ter disciplina e medo do Senhor.

Bob odiava aquela universidade religiosa, suportando-a mais por medo do senhor seu pai do que por medo do Senhor Divino. No terceiro ano da faculdade, porém, Masterson conheceu Betty, com quem namorou, noivou e, assim que se formaram, casou.

Jim, o pai de Betty, era tudo que o pai de Bob não era. O sogro bancou os estudos do genro na faculdade de direito da Universidade de Missouri, onde Masterson se formou com honras em 1981. Ele era, então, aos vinte e quatro anos de idade, um advogado com um futuro brilhante pela frente, um futuro assegurado pelo convite do sogro para trabalhar em seu escritório de advocacia em Lexington, Kentucky. Masterson, no entanto, tinha outros planos.

Durante seu último ano de faculdade, ele se apaixonou pela televisão. Desde os anos sessenta ela havia tomado posse das salas das famílias, e Masterson sabia que o poder desse meio de comunicação só tendia a aumentar.

Masterson queria juntar o que ele considerava as duas forças mais poderosas do século XX: religião e televisão. Ele dizia que quem pudesse arranjar esse casamento com sucesso teria um enorme poder.

Bob contou sua idéia ao sogro. Cético porém acessível, Jim Marlin ajudou Masterson a comprar a estação que em outubro daquele ano estrearia no canal 18 com o nome de TV CCM.

O resto é história. E quando Masterson saiu de seu camarim em direção ao cenário do *Clube de Cristo* ele literalmente pôde ver a história que ele escrevera. No novo complexo multimilionário da CCM, havia oito estúdios digitais de televisão e cinco conexões de satélite que transmitiam a programação da CCM para mais de cento e cinqüenta emissoras nos Estados Unidos e outras duzentas ao redor do mundo.

Mas o complexo de televisão era apenas uma parte do império Masterson, composto ainda de um banco financeiro nas Ilhas Caimã, uma companhia de previdência privada que gerava bilhões de dólares, mais de setenta e cinco estações de rádio, sete jornais diários e centenas de igrejas espalhadas em mais de sessenta e cinco países. Graças a essa base sólida, Masterson recentemente pôde lançar uma rede comercial de TV com a qual esperava, um dia, competir com as maiores redes de televisão dos Estados Unidos.

Aguardando fora do palco pelo sinal de entrada, Masterson se preparava para começar a luta pela sobrevivência de seu império. Hoje ele começaria a combater o homem que, quando falava, era entendido por todos.

Bob Masterson sabia quem era Antônio Almeida, mas jamais contaria a alguém sobre esse homem que vinha aparecendo em seus sonhos nos últimos cinco anos. Na semana anterior, o sonhos se tornaram reais, e ele estava vivendo essa realidade durante toda esta semana. Ele teria de apagar essa realidade da face da Terra, ou ela o apagaria. Masterson estava perto de se tornar uma força chave na estrutura mundial e ninguém iria bloquear seu caminho.

O Banqueiro Bob (ele sabia como seus críticos o chamavam), desonesto com os outros, pelo menos era honesto consigo mesmo. Ele sabia que manipulara os medos, as ansiedades e as crenças das pessoas para chegar aonde chegou. Ele pregava as palavras de Deus, mas contratava pessoas para lhe dizer o que eram essas palavras, e ele usou essas palavras para conseguir o que queria. E dentro de alguns minutos ele as usaria de novo. Dali a alguns instantes ele falaria com seus fiéis e leais defensores. Eles eram, como dizia Mary Fried, seus "alemães do Beer Hall".

Enquanto a orquestra do estúdio tocava a música de abertura, Masterson olhava para o palco. O novo cenário do *Clube de Cristo* era lindo, parecendo uma sala de estar da classe média alta americana. Bill Hanley tirou Bob de trás da mesa de entrevistas que ele vinha usando havia anos e o fez sentar-se numa cadeira de balanço de onde Masterson falaria informalmente com os convidados sentados no sofá.

Bob informou ao pessoal técnico que, antes de ir para a cadeira, caminharia até o centro do palco, onde faria seu discurso de abertura. Quando a orquestra estava quase chegando ao fim da música, o locutor Joe Layton fez a apresentação do programa:

— E agora, diretamente de Louisville, Kentucky, com o mais antigo programa de entrevistas cristão do mundo, aqui está o líder espiritual da América, Bob Masterson.

O auditório aplaudia com entusiasmo. Masterson andou até o centro do palco e, sorrindo, agradeceu as palmas. Quando os aplausos cessaram, Masterson começou a falar para eles e para milhões de pessoas no mundo que estariam assistindo ao programa na próxima segunda-feira. Ele olhou diretamente para a câmera 2. Nesse instante, a câmera enquadrou o tele-evangélico da cintura para cima, e, enquanto ele falava, ela se aproximou para um *close* de seu rosto.

Masterson tirou o sorriso dos lábios e começou a falar.

— Tenho certeza de que vocês perceberam que começamos nosso programa de hoje de uma maneira diferente. Não estranhem, mas hoje quero falar pessoalmente a cada um de vocês. E achei melhor nem usar aquela linda cadeira que os produtores do programa fizeram para mim. Desta vez vou falar em pé, de frente para todos vocês, como Daniel entrando na cova do leão.

Masterson armou o espetáculo com estas frases iniciais. Isolando-se da opulência criada pela equipe de produção, ele se colocou no mesmo nível dos espectadores. A platéia esperava ansiosamente as próximas palavras de Masterson, e o Banqueiro Bob não iria decepcionar.

— Nós estamos vivendo numa época perigosa. Vivemos na aurora de um novo milênio, quando a Bíblia diz que grandes mudanças balançarão a Terra. A nossa Bíblia e o nosso Deus dizem que precisamos desconfiar dos falsos profetas que usam seu nome mas que, na verdade falam em nome de Satanás.

Sua equipe, assim como a platéia, ouvia atentamente cada palavra. A equipe, porque nunca sabia aonde Bob iria levá-la. A platéia, porque sempre sabia aonde Bob iria levá-la: para a Terra Prometida, para o céu e aleluias.

— Agora, eu quero avisar que os falsos profetas estão aqui. Estão vivendo e respirando entre nós. Eles chegaram, e logo saberemos quem são eles.

Ele parou, esperando o efeito de suas palavras. As câmeras de televisão focalizavam a platéia. Eles estavam em silêncio, alguns com os olhos fechados, orando. Masterson continuou:

— Amigos, nós precisamos renovar nossa fé em Deus e em seu único filho, Jesus. Não estou falando de uma profecia para uma época distante; isto está acontecendo agora. As palavras da Bíblia foram cumpridas. Os falsos profetas chegaram.

O auditório segurava a respiração. Aquele era o Bob Masterson que conheciam e amavam. Ele era o homem que falava com Deus e dividia a verdade divina.

— Muito em breve vocês vão saber quem são eles. Eu irei, com a ajuda de vocês, desmascarar suas mentiras, truques e fraudes. Esse é o motivo por que Deus nos deu esta poderosa arma chamada televisão, estas câmeras, estes estúdios e os satélites que orbitam no espaço. Chegou a hora de usá-los em seu nome.

Dito isso, o auditório explodiu em améns e aleluias. Eles suplicavam por mais, e o tele-evangélico não os decepcionou:

— Vocês devem estar perguntando como é que eu sei quem são esses falsos profetas? Eu respondo: Deus me deu um sinal, e eu vou dividir esse sinal com vocês agora.

O auditório silenciou. Bob ia dar-lhes uma visão. Eles desesperadamente queriam ver.

— Esses falsos profetas falarão de uma Nova Era. Todos nós já ouvimos essa babaquice antes: não há necessidade de religião para salvação e não há necessidade de Jesus. Nós sabemos que isso simplesmente não é verdade, concordam? Só há um caminho para a salvação, que é através de Jesus e da Bíblia.

O auditório, quase em uma só voz, gritava améns. Masterson levantou sua mão para acalmar os fiéis.

— Por favor... Por favor... O falso profeta — disse Bob, desta vez usando o singular — diz que fala em nome do Senhor. Algumas pessoas vão até dizer que ele é Jesus. E espalharão essa maldita mentira. Esse falso profeta veio para plantar dúvidas em seus corações. Mas vocês não ouvirão. Ele vem para espalhar medo, mas vocês não temerão, porque deram as suas almas a Jesus e eu estou do seu lado.

Masterson deu um passo em direção ao auditório, fazendo com que a câmera momentaneamente perdesse o foco.

— Esse falso profeta está aqui. Ele fala como um cordeiro, mas é tão esperto como um lobo. Tomem cuidado com ele. Ele vai jogar pai contra filho, mãe contra filha e nação contra nação. Ele é o demônio, e vai usar toda a trapaça e astúcia que Satanás conhece tão bem.

O auditório de Masterson estava estupefato. O pessoal da produção estava em estado de choque. Tanto um quanto o outro esperavam pelo que viria agora.

— Mas eu estou aqui com o poder absoluto e a glória de Deus, que usará esta televisão e as estações de rádio para derrotar esse pagão. Deus destruirá esse homem que já vive entre nós. Ele diz que vem em nome da paz e do amor. Mas ouçam com atenção o que ele vai dizer, porque ele representa o oculto, Satanás e a bruxaria. Há anos nós ouvimos essa conversa fiada de Nova Era: reencarnação, vidas passadas e comunicação com espíritos mortos. Tudo isso é profano, tudo isso é ímpio. Tudo isso se opõe aos princípios cristãos. Mas não tenham medo: eu vi o inimigo, e por meio da CCM eu comandarei todo o Exército de Deus para combater esse inimigo e suas mentiras.

O auditório levantou-se, aplaudindo em pé. Masterson, ainda postado na frente deles, sorriu enquanto o diretor da televisão inseria um intervalo comercial.

Capítulo 12

Tarde da mesma quarta-feira, ano 2015

VIDA E MORTE

"Então sonhou: estava posta sobre a terra uma escada, cujo topo chegava ao céu; e eis que os anjos de Deus subiam e desciam por ela."

Gênesis 28:12

"...todos eles, como um vestido, envelhecerão; como roupa os mudarás, e ficarão mudados."

Salmos 102:26

O Hospital das Clínicas é um dos maiores hospitais de São Paulo. Devido ao seu grande porte, ele é dividido em várias unidades, cada qual destinada a um fim específico.

Com a permissão da administração, Antônio Almeida visitava o hospital pelo menos duas vezes por mês. Naquela tarde de quarta-feira ele apareceu num setor relegado do hospital: a ala da morte, onde pacientes terminais sem dinheiro ou família esperavam a morte chegar. A última lembrança da Terra desses pacientes seria o grande quarto com suas paredes nuas e brancas, o frio profissionalismo dos enfermeiros e os últimos suspiros de vida de seus colegas de quarto.

No quarto visitado por Almeida cabiam seis camas, mas nesse dia apenas três estavam ocupadas. Deitada no leito mais próximo à porta estava Rosa, uma velha senhora cujo corpo com câncer anunciava as horas finais de sua jornada de setenta e três anos na Terra.

Ao lado dela, no meio do quarto, estava Manuel. Seu coração não conseguia mais bombear o sangue, e em poucas horas ele também passaria desta dimensão para outra. Diferentemente de Rosa, ele tinha apenas trinta e um anos de idade, mas, como ela, não teria família ou amigos ao redor de sua cama nessas suas últimas horas.

No terceira leito estava Felipe, de cinqüenta e dois anos. Seu fígado estava apodrecido em virtude dos anos e dos rios de álcool que ele consumira. Sua pele estava amarelada e inchada, porque algumas horas atrás seus rins pararam de funcionar e começaram a espalhar veneno por todo o seu corpo. Felipe também estava se preparando para a morte.

Várias ondas de som flutuavam pela ala da morte. Do interior do hospital vinha o som metálico dos carrinhos de comida e de remédios que circulavam pelos corredores estreitos. De um ponto mais distante, o barulho do trânsito caótico de São Paulo entrava pelas pequenas janelas abertas. E finalmente a última onda: gritos e gargalhadas de crianças brincando num parque próximo. Todos esses sons diferentes diluíam-se num só. Eles se tornaram o som da vida no quarto da morte.

Quando Antônio entrou no quarto, Rosa acenou fracamente e sorriu para ele. Sentando-se numa cadeira em frente aos três pacientes, Almeida sorriu e acenou de volta.

— Oi, meu nome é Antônio. Eu venho aqui de vez em quando para ver se há alguma coisa que eu possa fazer, talvez levar um recado, escrever uma carta ou simplesmente bater um papo. Eu estou cem por cento à sua disposição. Usem e abusem, eu não tenho mais nenhum lugar para ir hoje.

Manuel tossiu e brincou:

— Nem nós.

Almeida e Rosa sorriram. Felipe olhava fixo com seus olhos fundos.

— Você está certo — respondeu Antônio —, mas está errado também. Vocês três têm um lugar para ir. A maioria das pessoas diria que vocês vão morrer. Eu nunca gostei dessa palavra, morte, porém é a única que temos. Nós podemos falar sobre a morte, se quiserem.

Manuel sacudiu os ombros e perguntou:

— Você é médico, padre ou qualquer coisa do gênero? Aonde nós vamos? Fazer mais exames?

Felipe, ainda mudo, ouviu as perguntas de Manuel e dirigiu o olhar para Antônio, esperando uma resposta.

— Bem, Manuel — disse Antônio, lendo o nome na placa presa ao pé da cama. — Eu não sou padre nem médico. E vocês já estiveram aonde vão.

Antônio acrescentou que gostaria de conhecê-los, mas sob uma condição: não queria falar sobre doença.

— As enfermeiras me colocaram a par de tudo, então não vamos falar de seus corpos. Aliás, dentro de algumas horas vocês estarão jogando esses corpos fora.

Rosa, numa voz fraca e baixa, apresentou-se:

— Meu nome é Rosa Rodrigues. Tenho setenta e três anos de idade e sei que não chegarei aos setenta e quatro. Para falar a verdade, duvido que esteja aqui amanhã. Mas não estou com medo. Tive uma vida dura mas boa. Eu sempre soube me virar. Enterrei dois maridos e trabalhei a vida toda. Não tive filhos porque não pude. É isso aí: não tenho ninguém, então estou aqui neste quarto esperando a morte. — E, olhando para as outras duas camas ocupadas, comentou: — Como eles.

Manuel sorriu e Felipe olhou para o teto do quarto.

— Alguns mais cedo do que outros — sussurrou Felipe.

— Eu sei — disse Antônio com suavidade. — Estou aqui por causa disso. Nós podemos falar sobre o tempo, futebol ou até mesmo fofocar sobre artistas. Qualquer coisa. Ou nós podemos falar sobre o que está chegando: a morte.

Felipe, para quem cada palavra era um esforço, começou onde Manuel havia terminado:

— Se você não é um padre, você é o quê? Um assistente social? Um pregador?

Almeida respondeu perguntando por que era tão importante saber quem ele era.

— Considere-me simplesmente um amigo — acrescentou.

Manuel explicou a intenção de Felipe:

— Saber quem você é ajuda a gente a entender por que

você está aqui. Nós não temos visitas. Se você é um padre, é seu dever estar aqui. Se é um pregador, você vai nos pedir para aceitar Jesus.

Felipe e Rosa concordaram. Todos os três esperavam por sua resposta.

Almeida pensou cuidadosamente. A ala estava quieta, o silêncio era quebrado apenas pelos sons da vida: as batidas dos carrinhos, as buzinas dos carros na rua, os risos das crianças no parque.

— Eu já disse que não sou padre, e também não sou pregador. Não vou pedir que vocês aceitem Jesus. Eu vou pedir a vocês para fazerem uma coisa mais difícil: eu quero que vocês aceitem vocês mesmos.

As palavras de Antônio prenderam-lhes a atenção. O trio esperava ansiosamente pelo que ele falaria em seguida. Felipe tentou sentar, mas seu corpo estava fraco demais.

Rosa confessou que queria saber o que havia do outro lado.

— Eu aceitei Jesus há muito tempo e sei que ele estará esperando por mim — acrescentou firmemente.

— Se é isso que você espera — disse Antônio —, é isso que vai acontecer.

Sorrindo para Rosa, ele continuou:

— Isso me lembra uma piada. Acho que um pouco de risada cairia bem agora, então vamos nessa. Se bem que já vou avisando que não sou muito bom para contar piadas. Então, além de não ser padre, pregador ou assistente social, vocês vão descobrir que também não sou um comediante.

Os três deram um largo sorriso quando ele começou a piada.

— "Era uma vez um casal que estava junto por mais de quarenta anos. Quando chegaram à terceira idade, fizeram um pacto: quem morresse primeiro se comunicaria com o outro contando como era depois da morte. O marido, seu nome era Oscar, morreu primeiro. Uns meses se passaram e um dia o telefone tocou. A viúva atendeu:

— "Oi, meu bem, sou eu" — disse a voz do outro lado.

— "Oscar! Não posso acreditar! Onde você está? Como vai você?"

— "Eu estou ótimo. Acordo todo dia às sete, e antes do meio-dia já fiz amor umas oito vezes. Aí eu almoço e transo mais dez vezes antes do jantar. Depois do jantar, até mais ou menos meia-noite, quando finalmente vou dormir, eu trepo pelo menos outras dez vezes".

— "Uau!" — exclamou a esposa. — "Você deve estar no céu".

— "Não" — respondeu Oscar. — "Eu sou um coelho na África".

Os quatro riram, e Manuel perguntou a Almeida o que ele achava que aconteceria depois que eles morressem.

— Bem, posso garantir uma coisa: vocês não serão coelhos na África.

— Graças a Deus — disse Manuel. — Eu preferiria ser um cachorro na casa de alguma madame rica. Eles vivem melhor do que muita gente.

Mais uma vez os três caíram na risada. Mas Almeida explicou por que aquilo estava fora de cogitação:

— Espíritos humanos não voltam como animais porque o espírito foi criado com livre-arbítrio. Animais decidem por instinto; humanos, por escolha.

— O que acontece, então? — perguntou Felipe. — Eu gostaria de saber, já que isso vai acontecer comigo dentro de algumas horas. Todos nós sabemos por que estamos neste quarto: acabaram-se todas as esperanças, o tempo está se esgotando e o juiz vai dar o apito final.

Esperança, medo e ansiedade tomaram conta da sala quieta, e uma onda do som da vida morreu: os ruídos dos carrinhos de comida e de remédio desapareceram, deixando apenas o barulho abafado do tráfego da cidade e a gritaria das crianças brincando.

— A morte é igual e ao mesmo tempo diferente para todos. — explicou Almeida. — A morte de cada pessoa é idêntica porque o término desta vida é o renascimento para uma outra. Há ordem na vida, há ordem na morte, como também há ordem para o renascimento.

Tossindo por causa do líquido enchendo seus pulmões, Manuel disse para Almeida que não tinha entendido nada:

— Por favor, simplifique. Eu quero entender.

Antônio sorriu e explicou:

— Neste instante vocês estão esperando a morte chegar. Nenhum de vocês tem mais que algumas horas de vida sobrando na esfera terrestre. Mas neste mesmo hospital, não muito longe daqui, há um outro quarto. Nesse quarto, espíritos estão entrando nesta esfera terrestre. Para eles, a passagem está começando. Para vocês, a passagem chegou ao fim. Mas — ressalvou — as aparências enganam.

Almeida pediu a Rosa, Felipe e Manuel que fechassem os olhos e caminhassem com ele até o quarto de que ele falara. Com sua voz calma e firme, Antônio guiou-os por uma viagem imaginária pelo hospital, passando por médicos e enfermeiras, atravessando vários corredores, até chegarem ao berçário.

— Olhem para aqueles bebês nos berços. Alguns estão confusos e desorientados. Eles estão se adaptando aos corpos físicos. Durante os últimos meses eles abaixaram sua vibração espiritual para poder encarnar dentro dos ventres de suas mães. Daí, eles nasceram, da mesma maneira como vocês, poucos anos atrás, nasceram. Vocês acham que tudo isso é por acidente, sem plano, sem razão? Vocês acham que vida e morte e tudo que acontece no meio não têm significado?

Os três pacientes prestes a morrer observavam a fileira de recém-nascidos à sua frente enquanto ouviam Almeida.

— Vocês nascerão de novo, assim como eles e como vocês mesmos nasceram.

Agora, o barulho do tráfego na ala da morte também havia sumido. O único som que se ouvia era o das crianças do parque e a voz de Antônio.

— Eu disse que a vida e a morte são a mesma coisa para todo mundo. E eu disse que a vida e a morte também são diferentes para todos. Agora eu vou explicar.

Com a imagem dos recém-nascidos ainda na mente dos três, o jovem continuou:

— Nascimento e morte... São simplesmente mudanças de uma forma de vida para outra. Na morte, você deixa esta terra e volta para o espírito. No nascimento, você deixa o espírito e entra na Terra. Um é uma conseqüência natural do outro.

Almeida passou a explicar as diferenças:

— Antes de nascer, o espírito traça a vida que vai levar. Um espírito, dependendo do nível de desenvolvimento e de seu desejo de evoluir, é atraído para uma vibração onde encontrará desafios, lições e situações necessárias para seu desenvolvimento. Mas, assim que o espírito nasce, ele se esquece desse plano.

— Por que esquecemos? Não seria melhor se soubéssemos o que estamos fazendo aqui? — interrompeu Felipe. Manuel e Rosa concordaram com ele.

Almeida respondeu:

— Não seria mais fácil fazer uma prova se você já soubesse as perguntas? Claro que seria. Mas e daí? O que foi aprendido? Essa amnésia espiritual também é parte da ordem universal. Vocês gostariam de saber tudo que fizeram nas vidas passadas? Como vocês poderiam viver no aqui e no agora desta vida se vocês constantemente se lembrassem das outras vidas? Nascer significa vir para esta vida, não reviver as outras.

Antônio definiu a diferença entre nascimento e morte:

— Na morte, a vida terrestre é deixada para trás e a vida em espírito recomeça. No nascimento, tudo que veio antes é esquecido, mas na morte vocês se lembram de tudo. Um espírito, depois de um período de ajuste, vai gradualmente lembrando que ele é a soma de todas as suas encarnações passadas. Na morte descobrimos quem realmente somos.

Manuel lembrou Almeida de sua promessa de explicar como o nascimento e a morte poderiam ser a mesma coisa para todos e ao mesmo tempo ser diferentes para cada pessoa.

— A resposta é fácil: cada um de vocês é único. Cada espírito, desde o momento da criação, evolui por si próprio. Vocês não são robôs seguindo ordens de um Deus invisível. Vocês têm suas próprias vontades, e os resultados de suas vontades determinam suas vidas. Diferentes escolhas provocam diferentes evoluções.

Antônio esperou um momento antes de prosseguir. Ele queria ter certeza de que Rosa, Manuel e Felipe haviam entendido.

Manuel, que pedira uma explicação simples, sorriu e fez um sinal para que Antônio continuasse.

— Aqueles recém-nascidos também são os totais de seus passados. Eles não estão começando da estaca zero. Eles estão iniciando suas novas vidas na Terra no lugar onde as velhas vidas os levaram. Cada espírito tem experiências únicas para viver, novos relacionamentos para desenvolver e velhos relacionamentos para equilibrar. Vocês todos entraram neste mundo da mesma maneira, mas estão aqui por razões diferentes.

Apesar de respirarem com dificuldade e sentirem dores insuportáveis, os três estavam ligados em suas palavras.

— Nesta vida que estão vivendo agora, vocês três trilharam caminhos distintos. Chegou o fim de seu tempo aqui e logo vocês renascerão em uma outra vida, a vida do espírito.

Um por um os bebês começaram a desaparecer. Um por um, fileira após fileira, até que só três restaram. Três recém-nascidos chamados Rosa, Manuel e Felipe.

— Vejam como vocês eram. Olhem para esses bebês: são vocês poucos anos atrás.

Os três pacientes, em seus momentos finais neste plano, viram a si mesmos em seus momentos iniciais na Terra. Antônio passou a falar com eles individualmente.

— Rosa, você encarnou há setenta e três anos dentro deste corpo que em alguns minutos vai desistir da vida. Antes de nascer, você mesma chegou às suas próprias conclusões sobre as necessidades, vontades e ideais de evolução de seu espírito. Em suas outras vidas, você sempre foi um espírito dependente, sem a confiança para acreditar em seus próprios sentimentos e idéias. Você concordou com seus guias e mentores quando, durante sua revisão cármica, foi mostrado que você precisava desenvolver sua autoconfiança e sua independência.

A velha senhora cujo corpo fora devorado pelo câncer olhou espantada para o recém-nascido à sua frente, vendo uma aura de luz pura rodeando o bebê. Ela era o bebê e o bebê era ela.

— Você escolheu levar uma vida sozinha e solitária. Você desenhou as circunstâncias desta última passagem na Terra.

Antônio pediu-lhe então que prestasse muita atenção, porque uma senhora idosa acabava de aparecer ao lado do bebê Rosa. O nome da senhora também era Rosa.

— Você pode ver, minha querida, quanto você viajou nesta vida? — perguntou Antônio. — Você pode ver como seu espírito é diferente e ao mesmo tempo o mesmo que era setenta e três anos atrás?

A imagem da velha Rosa sorriu para a recém-nascida Rosa enquanto o agonizante corpo de Rosa olhava.

— Seu espírito cresceu na escola da Terra e você acrescentou a ele segurança e autodeterminação. Depois desta encarnação, sua capacidade de usar o livre-arbítrio está mais forte. Agora você está pronta para assumir e enfrentar maiores responsabilidades. Você não é mais o espírito dependente, medroso e tímido que nasceu setenta e três anos atrás. Você está pronta para prosseguir.

Rosa olhava para as imagens aos pés do leito, enquanto Almeida terminava de falar.

— Você, Rosa, teve uma vida dura. Você começou a trabalhar quando ainda era criança, sendo cozinheira, empregada, lavadeira e babá. Mas essa vida foi o resultado das outras, assim como a próxima será o resultado desta.

Almeida voltou a falar para o três, comentando que na passagem desta dimensão para a próxima eles entenderiam melhor essas vidas que estavam terminando.

— Vocês, orientados por seus guias e mentores, olharão para esta e todas as outras encarnações. Vocês verão todas elas à sua frente compondo o mapa que é a viagem de sua alma.

Manuel estava concentrado em seu ser-criança. O bebê estava rodeado pela mesma aura de energia branca do bebê Rosa. Almeida falou diretamente a ele:

— Manuel, você veio à Terra como um espírito que não entendia a solidão. Por isso, não conseguia compreender as conseqüências de seus atos numa vida anterior. Você nasceu para aprender a partir da negligência, do abandono e da indiferença dos outros.

O paciente viu não só o recém-nascido ao pé da cama mas também a si mesmo na vida anterior a esta. A imagem era de um empresário bonito, rico e cheio de sucesso. Manuel sorriu quando reconheceu a si próprio.

— Naquela encarnação você sacrificou tudo por sua carreira: a família, os filhos e os amigos. Tudo e todos.

Quando Almeida disse essas palavras, uma pequena família se formou ao redor do empresário Manuel.

— Sua esposa se sentia abandonada e você a fazia sentir que ela não estava à sua altura. Seus dois filhos pequenos, apesar de terem herdado sua grande fortuna, nunca tiveram seu amor ou atenção. Sua negligência, e não seu dinheiro, foi sua verdadeira herança naquela vida.

Manuel assistia a tudo com incredulidade, enquanto Almeida continuava com a narração:

— Mas como é que você poderia entender as conseqüências de seus atos naquela vida se você nunca sentira as conseqüências do abandono? Entrou em campo, então, a grande força do carma. O carma, com seu consentimento e ciência, permitiu a você aprender o que é solidão. Nesta vida que está chegando ao fim, você saiu de casa cedo. Abandonar o lar não significou muito para você porque seu pai morreu quando você tinha uns dez anos de idade, sua mãe o abandonou para se casar de novo, e a tia que o criou só o fez por obrigação.

Após ligeira pausa, Antônio continuou:

— Você veio a esta cidade para ganhar a vida. Após anos de trabalhos humildes e pesados, você descobriu que havia deixado a pobreza miserável de casa para viver uma pobreza miserável e indiferente na cidade grande. Você trabalhou toda a sua vida carregando tijolos, misturando concreto e quebrando pedras. E agora tudo está terminando, aqui nesta ala de caridade, onde você está sozinho. Durante sua vida você não sentiu, nenhuma vez, o toque de uma mão humana estendida com amor e nenhuma vez, quando criança, você sentiu o companheirismo de um pai, de um irmão ou o carinho de uma mãe.

Manuel sufocou um choro.

— Mas nunca se esqueça de uma coisa, Manuel: esta vida que está acabando não foi castigo nem compensação pela vida anterior. Esta vida atual foi uma conseqüência do que tinha vindo antes. Você aprendeu. Agora você é ainda mais responsável por seus atos e por seus pensamentos. Você também, Manuel, não é o mesmo espírito que nasceu na Terra trinta e um anos atrás.

Falando para os três, Almeida acrescentou:

— E muito em breve vocês vão ver o quanto mudaram.

Almeida voltou sua atenção para Felipe, que, sem nenhum entusiasmo, esperava a trama de sua vida começar ao pé da cama, onde ele também se via como um recém-nascido.

— Sua história é diferente, Felipe. Você começou esta vida com tudo: uma família rica que lhe oferecia todas as oportunidades e privilégios.

Almeida caminhou, parando ao lado do recém-nascido que era Felipe cinqüenta e dois anos atrás.

— Você não nasceu na pobreza e na solidão, como Rosa e Manuel. Mas um tipo diferente de pobreza tomou conta de você: *medo*. O medo de não corresponder às expectativas e exigências de sua família. Você se entregou ao medo de fracassar, ao medo da responsabilidade e por último ao medo de viver a vida.

Uma lágrima rolou pelo rosto inchado e amarelado de Felipe enquanto Antônio continuava:

— Você apelou para as drogas e o álcool para silenciar o medo e fugir das expectativas. Suas escolhas o trouxeram aqui, onde você vai morrer sozinho.

De repente, do nada, uma luz suave e poderosa cobriu a cama de Felipe. Almeida olhou para a luz e sorriu, como se estivesse vendo um velho amigo.

— Porém — disse ele a Felipe — você nunca estava sozinho. Nem por um momento. Você escolheu a vida que viveu, do mesmo jeito que Rosa e Manuel escolheram a deles. E, como eles tinham razões diferentes para seguir seus caminhos, você também tinha a sua.

Felipe olhou para Almeida com uma pergunta em seus olhos.

— Em suas várias vidas aqui, meu amigo, você nunca carregou os fardos da responsabilidade. Antes de nascer nesta vida atual, você escolheu aprender como era isso. Seu espírito precisava entender, como só a escola terrestre pode ensinar, o que é ser responsável pelo bem-estar dos outros, por seus empregos e pela segurança financeira de suas famílias. Isso não se pode aprender no mundo astral. Então, você nasceu numa família industrial rica. Esperavam que você tomasse conta dos negócios familiares. Você freqüentou as melhores escolas, faculdades e universidades em preparação para isso. Todas as oportunidades imagináveis lhe foram dadas para que pudesse assumir aquelas responsabilidades.

Felipe virou-se para seus dois companheiros de quarto e daí para Almeida. E simplesmente declarou:

— Eu falhei.

— Quem disse que você falhou? Você encarnou para aprender. Você aprendeu. Você aprendeu como os pesos dessas responsabilidades podem sobrecarregar um espírito. Sentiu essas obrigações sufocando, reprimindo e estrangulando você com medo. Você aprendeu como o medo paralisa, aleija e engole o livre-arbítrio de um espírito. Você também, Felipe, não é mais o mesmo espírito que entrou naquele corpo infantil. Agora, porque sentiu na pele, você conhece o peso da responsabilidade.

Almeida, observando a luz que cobria o leito de morte de Felipe, percebeu que havia mais duas luzes no quarto, uma com Manuel e outra com Rosa. Olhando para os três, declarou:

— Está chegando a hora. Lembrem-se disto: nenhum de vocês é melhor que o outro. Nenhum é mais correto ou mais perfeito. E façam um favor para vocês mesmos: esqueçam toda essa besteira sobre o julgamento furioso de Deus.

Rosa, devagarinho, levantou um dedo, sinalizando que queria falar.

— Como pode ser isso? — Sua voz era pouco mais que um sussurro. — Eu trabalhei duro e muito. Eu nunca bebi e nunca usei drogas. Como podemos ser iguais? Felipe, como ele mesmo disse, foi presenteado com oportunidades e privilégios com os quais eu só sonhava. Ele jogou sua vida fora. Como você pode dizer que nada disso faz diferença?

Manuel concordou com ela, e Felipe disse:

— Ela está certa. Eu baguncei tudo e desperdicei esta vida.

Rosa, presunçosamente, acrescentou:

— 'Tá vendo? Ele mesmo admite. Como você pode comparar a minha vida com a dele? Eu não tinha nada quando entrei neste mundo, mas eu não senti pena de mim. Ele, por outro lado, veio com tudo e vai sem nada. Ele perdeu a sua chance e vai ter que pagar por isso.

Antônio saiu de sua cadeira e caminhou até a janela, momentaneamente virando suas costas para os três. Através da janela ele observou o movimento da cidade, depois virou-se e encarou os pacientes.

— Vocês não enxergam a beleza e a harmonia do que está acontecendo neste quarto? Não conseguem enxergar a perfeição da vida? Rosa, você realmente viveu uma vida difícil e aprendeu. Você vai levar desta encarnação os atributos positivos de coragem, dignidade e humildade. Mas — acrescentou, olhando para Felipe, porém falando com Rosa — a dureza de sua vida lhe fez perder algumas coisas. Onde está sua compaixão? Onde está sua compreensão? Onde está sua empatia por uma alma deitada duas camas ao lado da sua?

Rosa e Manuel, em silêncio, olhavam para o teto do quarto, ainda não enxergando a luz que cobria cada um. Os olhos de Felipe estavam grudados em Antônio.

Almeida perguntou se eles se lembravam da parábola bíblica do mestre e seus servos.

— Antes de viajar, um proprietário de terras chamou seus três empregados. Cada um deles tinha diferentes aptidões, conhecimentos e habilidades, e de acordo com essas qualidades ele lhes deu diferentes quantias de dinheiro. Para o mais brilhante dos três ele deu cinco talentos.

Almeida parou para explicar que, naqueles tempos, talento era uma outra palavra para dinheiro, acrescentando:

— Porém não quero que vocês pensem em talento como dinheiro. Essa não é uma história sobre capitalismo — brincou.

Antônio continuou com a história, lembrando que o mestre tinha dado dois talentos ao segundo e apenas um ao terceiro empregado.

— O proprietário avisou que poderiam fazer o que quisessem com seus talentos, e quando ele voltasse de sua viagem ele os chamaria para acertarem as contas. Então o patrão viajou. Vocês sabem como a história termina. O cara que ganhou cinco talentos conseguiu dobrar o dinheiro. Quando o patrão voltou, ele deu os dez para ele. O segundo empregado, que recebeu dois, fez mais dois, devolvendo quatro. Mas o terceiro sujeito, que começou com um, ficou com medo e enterrou seu talento. Quando chegou a sua vez do acerto, ele desenterrou o talento e o devolveu. O patrão ficou zangado, porque aquele homem nem tentou usar o talento dado para ele.

Felipe, na certeza de que a história era dirigida a ele, olhou para Almeida. Mas Antônio, olhando para os três, disse que a maioria das pessoas pensa que essa parábola é sobre dinheiro.

— Elas estão erradas. Essa história é sobre responsabilidade e escolha. Todos levam, através de suas encarnações, o que o espírito aprendeu: são nossos talentos. Não é Deus quem distribui esses talentos. Os espíritos os adquirem durante suas sucessivas vidas em busca de evolução e desenvolvimento. E o espírito é livre para usar, ou não, seus talentos da maneira que quiser. Tudo depende de vocês. Vocês podem criar, desenvolver e fazer crescer esses talentos. Vocês podem até enterrá-los, como fez o terceiro empregado na história. A escolha é sua. Essa história ensina a lei suprema do universo: vocês precisam evoluir, crescer e se desenvolver para se reunirem com o criador.

Rosa, que conhecia bem a Bíblia, falou:

— É por isso que o mestre ficou bravo com o terceiro homem? Foi porque ele não usou o talento que recebeu?

Almeida respondeu dizendo que ela estava parcialmente certa.

— O mestre na história representa Deus. Isso é óbvio. Mas Deus nunca fica bravo. Naqueles tempos, os espíritos terrestres não estavam prontos para entender o que Deus realmente é. Por isso criaram a imagem de um Deus furioso e raivoso. Naquela época as pessoas aprendiam através do medo. Sua obediência era movida pelo medo do castigo. Elas não eram capazes de aprender de outra maneira. Muitas histórias bíblicas e algumas religiões de hoje usam esse tipo de Deus para manter as pessoas na linha. Mas, voltando ao assunto, vocês lembram o que o mestre fez com os dois primeiros? Ele estava feliz com seus esforços e convidou os dois para morar com ele. Eles ficaram "unidos" com Deus. Não porque tiveram um lucro rápido, mas porque através da escolha desenvolveram seus talentos. O terceiro foi banido da casa do mestre. Ele não tinha construído nada com o que possuiu. Ele ficou com medo. Então, não podia ser "unido" com seu mestre. Ele não evoluiu.

Nesse momento, apenas o som do riso das crianças no parque preenchia aquele quarto. De todos os sons da vida, sobrara somente um.

— Vocês três vieram para a Terra como espíritos únicos, mas ao mesmo tempo iguais. Únicos porque vocês andaram diferentes caminhos e aprenderam diferentes lições, e iguais porque todos nós estamos ligados um ao outro, porque somos a imagem e semelhança do criador.

Dirigindo-se à velha senhora cujo corpo tremia de dor, Antônio falou:

— Rosa, seu caminho foi duro, mas foi escolhido antes de você nascer. Dentro de poucos minutos, seu espírito vai deixar seu corpo desgastado. Você verá que ainda tem muito para aprender: compaixão, tolerância e empatia. Vá. Você está livre. Aceite você mesma pelo que você é: um espírito do Criador. Aceite os outros pelo que eles são: uma parte do Criador e uma parte de você. Aceite os outros pelo que eles são: espíritos do Criador que tomaram caminhos diferentes. Aceite as suas fraquezas, fragilidades e fracassos. Você disse que aceitou Jesus como seu salvador. Minha querida Rosa, tudo que ele quer é que você aceite a si mesma, seus irmãos e suas irmãs.

Rosa suspirou e, antes de fechar os olhos para sempre, viu a luz que cobria sua cama. Ela descansou em seus últimos momentos na Terra.

Almeida voltou sua atenção para o homem do meio.

— Manuel, você também viveu uma vida dura de pobreza e vagou entre a indiferença e a solidão. Logo você vai ver esta vida pelo que foi: um equilíbrio do carma e do espírito. Em uma outra vida você abandonou sua família pela carreira; nesta, você viveu sozinho e trabalhou em empregos humildes e pesados, não como um castigo, mas como equilíbrio e conseqüência.

Almeida pediu-lhe para virar os olhos para cima. Quando o fez, Manuel também viu a luz que flutuava sobre sua cama. Antônio disse que ele não estava mais sozinho.

Felipe, olhando para Almeida, disse:

— Acho que você vai falar comigo agora. Não sei se vou gostar do que vai dizer.

Sem sorrir, Antônio falou com ele e com os outros dois.

— Você veio para a Terra a fim de aprender a assumir responsabilidades. Você enterrou seus talentos em drogas e álcool porque temia suas obrigações.

Almeida parou para respirar. Os sons das crianças rindo eram fracos e distantes agora. O quarto estava quieto e tranqüilo. Quando recomeçou a falar, sua voz não era mais que um sussurro.

— Deixe esses medos aqui no plano terrestre. Você não falhou, você mudou. Seu espírito aprendeu como é encolher-se de medo e ser incapaz de pensar, agir e decidir. Você não falhou, você aprendeu. Você não é o mesmo espírito que era há cinqüenta e dois anos, quando entrou nesta esfera.

Felipe sorriu para Almeida. Seu rosto estava ainda mais inchado e amarelo por causa do veneno que corroía seu corpo. Numa voz rouca, quase inaudível, ele disse:

— Obrigado. As palavras são amáveis, mas sei que fui uma decepção para todo mundo, incluindo eu mesmo. Quando você contou aquela história da Bíblia, eu sabia que era o terceiro cara. Eu sou aquele que enterrou tudo que possuía. Agora vou ter que encarar um mestre bravo que sabe que desperdicei a vida.

Almeida afastou as palavras de Felipe com um gesto de sua mão e respondeu categoricamente:

— Sinto decepcioná-lo, mas não há nenhum Deus bravo esperando. Não há nenhuma divindade pronta para julgá-lo culpado. Sim, houve oportunidades que você jogou fora. Mas, por outro lado, você aprendeu. Você agora compreende como o medo corrói e corrompe. Por que você acha que o medo existe? Nós estamos aqui para aprender, mesmo com o medo. Você aprendeu. Você cresceu.

Antônio apontou o dedo para cima. Felipe agora via a energia pura e branca acima de sua cama.

— Vá com a luz — disse Antônio — e deixe seus medos para trás. Leve com você somente o que o medo ensinou. Você também não está mais sozinho.

Os três pacientes estavam em seus momentos finais na Terra. Suas últimas lembranças do plano terrestre não seriam das paredes brancas e nuas ou do profissionalismo da equipe de enfermagem. Seriam de Antônio Almeida, que havia entrado em seu quarto para falar sobre "o tempo, futebol e até mesmo fofocas de artistas".

— Nenhuma vida é perdida. Nenhuma vida é um fracasso — disse ele com paixão e convicção. — Nenhuma visita a esta esfera terrestre termina em derrota. Isso não é possível. Mesmo as lições do medo, da fúria e da raiva são parte de sua evolução. Deus criou tudo. O medo, a fúria, a raiva e o ciúme coexistem com o amor, a coragem e a felicidade. Tudo faz parte de sua criação, e esses chamadas vibrações mais baixas existem para a nossa evolução. Nós escolhemos como usá-las. Alguns derrotam o ódio. Outros vencem o medo. Alguns passam por cima do ciúme e outros controlam sua fúria. Outros não. Mas cada espírito aprende do seu próprio jeito e em seu próprio tempo. Nenhum espírito é melhor ou pior que outro. Todos são parte do todo e todos são ligados um ao outro. Às vezes — ele deu uma olhadela para Felipe — nós aprendemos de maneiras nunca imaginadas. Olhe para dentro de seu espírito, Felipe. Olhe para dentro de você mesmo e você vai ver que, por causa do medo, você aprendeu compaixão. Use essa compaixão para ajudar outros espíritos a superar seus próprios medos. Ninguém entende melhor do que você como o medo pode paralisar e destruir. Use seu entendimento para ensinar os outros.

Enquanto Almeida falava, o sons das crianças brincando no parque foi sumindo, e da mesma forma desapareceram Rosa,

Manuel e Felipe. Antônio sorriu quando os viu deixando seus corpos. Ele viu familiares, mortos há muito tempo, chegando para cumprimentá-los, enquanto os três passavam desta vida para a próxima.

Antônio continuou observando enquanto cada um deles era abraçado por sua própria luz especial. Felipe, olhando para trás em direção a seu corpo morto, deu uma olhada para Almeida.

— Obrigado — cochichou Felipe para Antônio. — E quem é você?

— Pergunte a Rosa. Ela sabe — brincou Almeida.

O silêncio tomava conta da ala da morte quando Antônio deixou o quarto, enquanto o círculo do tempo continuava e continuava. Inquebrável e interminável.

Capítulo 13

Sexta-feira, ano 2015

AS FITAS ESTÃO PRONTAS

Hanley e Martelli foram convocados para uma reunião no escritório de Masterson. O chefe estava esperando. Ambos, Hanley e Martelli, sabiam que seria uma reunião rápida e objetiva, sem tempo para conversa fiada ou amenidades sociais.

— E então, Phil? — perguntou Masterson apontando a pasta de papéis trazida por Martelli. — O que você conseguiu?

— Depende. Informações eu tenho muitas. Informações úteis, nada.

Hanley ouvia enquanto Masterson calmamente perguntou a Martelli o que ele queria dizer com "nada".

— O cara é limpo. Há mais ou menos onze anos, quando Almeida tinha dezoito anos, o pai abriu um fundo de investimentos. Com juros, ganhos de capital e retornos de investimento, o fundo vale hoje algo em torno dos três milhões de dólares. Mas — ressalvou — o garoto mal toca nesse dinheiro. Ele saca uns dois mil, três mil dólares por mês, só isso.

— Quem está por trás dele? Há algum igreja, partido político, seita?

— Ninguém. Não há igreja, partido político, organização social ou culto. Nadica de nada. Esse cara não pertence a ninguém a não ser a si mesmo.

Hanley meditou sobre as palavras de Martelli, pensando:

"Isso era o que eu achava: Almeida pertence a ele mesmo e a mais ninguém."

Obviamente decepcionado, Bob Masterson agradeceu Martelli e o dispensou, ficando apenas com Hanley. Antes mesmo de Masterson perguntar, Hanley voluntariamente informou sobre as fitas.

— Elas estão prontas, todas editadas, compiladas, conferidas e indexadas. Eu as agrupei da melhor maneira que pude. E até sobrou tempo de fazer uma transcrição de cada fita.

Dito isso, ele se levantou da cadeira e entregou a Masterson três fitas de duas horas de duração cada, as cópias escritas e as fitas originais.

Masterson queria saber como ele editara as fitas.

— Bem, foi razoavelmente simples. Eu juntei tudo por assunto. Por exemplo, há várias palestras em que ele faz algumas interpretações bíblicas, então coloquei todos esses trechos juntos. Depois, há ocasiões em que ele discute questões sociais, como aborto, pena de morte, direitos da mulher, relações raciais, pobreza e fome. Também juntei essas. Há partes que chamo de "Nova Era", quando ele fala de meditação, carma, Deus e o pós-vida.

Masterson olhou para as três pilhas separadas que Hanley colocara em sua mesa. Olhando diretamente para Hanley, o evangélico perguntou o que ele achava de Antônio Almeida.

Hanley, sabendo que isso seria um dos assuntos da reunião, estava preparado.

— Ele é bom, Bob. Ele tem carisma. E domina o público sem esforço nenhum. Não importa se a audiência é grande ou pequena, ele parece que está falando com cada pessoa, individualmente. Ele é muito persuasivo, graças em grande parte à sua sinceridade. Eu me lembro de uma fita em que Almeida estava pregando para umas quinhentas pessoas. Ele estava sendo importunado por um crente. O homem gritava, chamando Almeida de blasfemo, herege e filho de Satanás.

Hanley esperou a reação de Masterson. Ele soube da gravação de quarta-feira, quando Masterson, mesmo sem citar o nome de Antônio, tinha dito mais ou menos o que o crente falara para Almeida. Mas Masterson não fez nenhum comentário, então Hanley continuou a falar sobre o jovem pregador.

— Almeida ficou ali parado, só ouvindo o que o homem queria falar. Ele não perdeu a calma e não levantou a voz. Quando o crente terminou, Almeida caminhou através da multidão e ficou ao lado do indivíduo.

— Veja bem — explicou Hanley —, havia mais de quinhentas pessoas naquele lugar. Almeida abriu o caminho pela multidão para ficar ao lado do cara.

Masterson ouvia, enquanto Hanley descrevia o que acontecera em seguida.

— "O que é que eu falo que o assusta tanto?" — perguntou Almeida ao crente. — "O que o deixa ficar tão irado? Você não lembra de sua Bíblia? Foi dito: 'Eu tenho outras ovelhas que não são deste rebanho. Eu preciso trazê-las também e elas ouvirão a minha voz. Assim haverá um só rebanho e um só pastor' ".

Hanley contou a Masterson que Almeida, ainda segurando a mão do sujeito e em pé no meio da multidão, pregou:

— "Parem de brigar entre vocês mesmos sobre qual religião ou pessoa é a mais correta, a mais santa ou a mais verdadeira. Há verdade em cada um e em todos vocês. E essa parece ser a verdade mais difícil para vocês entenderem. Mas, uma vez que aprendam isso, não haverá necessidade de discutir, brigar ou temer um ao outro. Eu digo: há verdade nos padres e freiras que entregaram sua vida à fé. Há verdade no rabino que estudou o Talmude e ensina sua palavra. E há verdade e dignidade no pastor que aconselha seu rebanho e cura suas almas. A verdade está até mesmo no ateu que procura suas respostas de sua própria maneira. Em suma, há verdade em todos vocês".

— E aí, o que aconteceu? — perguntou Masterson.

— Nada, exceto que ele pediu a todos para rezar. E todo mundo, até o crente, se ajoelharam.

Masterson quis saber o que Almeida fizera em seguida.

— Bem, eles começaram a rezar o pai-nosso, com Almeida explicando cada passagem da oração.

Hanley pediu a seu chefe para esperar enquanto ele folheava as transcrições das fitas. Depois de achar o que estava procurando, Hanley narrou:

— A multidão começa:

— "Pai Nosso que estais no céu, santificado seja vosso nome. Venha a nós o vosso reino. Seja feita a vossa vontade, assim na terra como no céu".

Hanley descreveu que Almeida levantou a mão e pediu que a multidão o escutasse.

— "Nós o chamamos de Pai porque não sabemos do que o chamar. Nós o chamamos de Pai porque ele é o Pai que nos deu vida. Nós somos seus filhos e filhas. Nós todos somos as suas crianças".

— "Mas" — Hanley continuou lendo as palavras de Almeida — "ele é mais que Pai e nós somos mais que filhos. Ele é o Espírito Criador, e nossos espíritos são criados à sua imagem. Nós estamos nesta terra não para descobrir mas para *redescobrir* a magia de nossas próprias almas. Vocês esqueceram quem vocês são. A vontade dele é que vocês na Terra se reúnam com seu Espírito, um Espírito que está sempre mudando e evoluindo. Vocês esqueceram que são todos iguais: vocês não são negros, brancos, asiáticos, brasileiros, africanos, franceses, russos ou americanos. Vocês são espíritos. Mas na Terra vocês marcam as pessoas a ferro, como o gado: católicos, protestantes, crentes, judeus, budistas, muçulmanos, e assim por diante. Vocês têm rótulos e categorias para todos e para tudo. Foram vocês que inventaram esses nomes e categorias, não ele. Seria melhor se vocês simplesmente proclamassem: NÓS SOMOS UM. Nós somos os filhos do mesmo Pai, nascidos para aprender, evoluir e ajudar um ao outro a achar nosso caminho de volta para ele. Nós precisamos voltar para a Fonte. Todos nós precisamos voltar para casa".

Hanley explicou que Almeida fizera um sinal para a multidão continuar com a oração, e todos juntos bradaram:

— "O pão nosso de cada dia nos dai hoje. Perdoai as nossas ofensas, assim como nós perdoamos aqueles que nos têm ofendido. Não nos deixei cair em tentação, mas livrai-nos do mal. Amém".

Hanley contou a Masterson que mais uma vez Almeida explicou para as pessoas o significado daquela oração:

— "Aqui está explicada a grande lei cármica: perdoai as nossas ofensas, assim como nós perdoamos aqueles que nos têm ofendido. Vocês são filhos de Deus, vocês são os co-criadores desta terra. Sendo assim, o que vocês plantaram ontem será colhido amanhã. Vocês são responsáveis por seus atos e pensamentos. Por dividirem um com outro o Espírito dele, tudo que vocês fazem, falam ou pensam causa um murmúrio na criação, porque todos vocês fazem parte desta criação. Esses murmúrios afetam não só os outros mas vocês mesmos. Por isso, como a prece diz, perdoem aqueles que os ofenderam, machucaram e causaram dor. Façam isso por amor a vocês mesmos, porque assim vocês podem começar a quebrar o grande círculo cármico da vida".

— "Depois vem a súplica: 'livrai-nos do mal'. O que se pede aqui é que ele os libere de vocês mesmos, porque vocês são responsáveis por cada partícula de mal que há nesta vibração. Por quê? Lembram-se daqueles murmúrios? Vocês emanam vibrações de ciúme, ódio e medo criando as vibrações negativas dessa esfera".

— "A paz na Terra começará quando vocês passarem a viver em harmonia com vocês mesmos. Só assim é que as tolas e estúpidas barreiras sexuais, raciais, religiosas e políticas que vocês criaram serão destruídas. Harmonia, paz e amor começam com vocês e com ninguém mais".

Masterson perguntou a Hanley como o encontro terminara.

— Está tudo aqui — respondeu Hanley mostrando as três pastas.

— Parece que você ficou bem ligado nesse Almeida — observou Masterson. — O que está acontecendo? Essa colcha de retalhos de budismo, misticismo, espiritismo e tudo mais que ele inventa impressionou você?

— Bob, ele é um orador excepcional. Ele trabalha uma multidão melhor do que qualquer político, ator ou orador que eu já vi. E há ainda uma outra coisa que me veio à cabeça...

Masterson ficou curioso. Durante todos os anos que ele conheceu Hanley, ele nunca o tinha visto tão interessado, envolvido ou entusiasmado com um assunto.

— E o que seria? — A curiosidade de Masterson havia sido cutucada.

Aquela deixa era justamente o que Hanley estava esperando. E ele não a deixaria escapar.

— E se Almeida realmente for um mensageiro da Nova Era? Dê-me um segundo para explicar — disse ele, cortando qualquer possível interrupção de Masterson. — Se Almeida for verdadeiro, nada e ninguém vai poder pará-lo. Nem você, nem eu, nem as pesquisas de Mary Fried, com seus gráficos e dados. Nós poderíamos camuflar o assunto e criar controvérsias e uma nuvem de fumaça sobre ele. Quem sabe ele pode até mesmo morrer, como o último que apareceu. — Hanley agora olhava serenamente nos olhos de seu chefe, e perguntou: — Já passou pela sua cabeça que esse cara pode ser real?

Masterson levantou-se e foi até o sofá sentar-se perto de Bill Hanley.

— Claro que já pensei nisso. Eu quase não penso em outra coisa — confessou sem emoção.

Hanley, encorajado, voltou a bater na mesma tecla:

— O fenômeno dos idiomas vai vir à tona. Alguém vai descobrir isso logo. Bob, eu entendi toda e qualquer palavra daquela fita, as perguntas e as respostas. Ninguém alterou essas fitas, agora tenho certeza disso.

Masterson pegou um envelope que estava na mesa e disse:

— Lembra que eu falei que iria mandar os originais para análise? Bem, aqui está a resposta. Custou cento e cinqüenta mil dólares para descobrir isso — disse ele, lendo o que estava escrito no relatório: — Nossa conclusão é que as fitas das gravações de vídeo de um Sr. Antônio Almeida são as originais dos eventos descritos nessas fitas. Nossa análise assegura, sem restrições ou hesitações, que as gravações não foram alteradas, adulteradas ou falsificadas da versão original inglesa.

— Versão original inglesa... — disse Hanley, sorrindo. — Eles também acharam que a fita estava em inglês!

Masterson sacudiu os braços e perguntou o que Hanley estava pensando.

— Traga-o aqui, antes que o fator "língua" seja revelado. Traga-o para Louisville, entreviste-o, debata com ele, faça o que você quiser. Será o maior acontecimento televisivo do milênio. Bob Masterson contra o Jesus da Nova Era, o homem que fala em línguas.

Masterson não acreditou no que estava ouvindo.

— Você perdeu o juízo! Você quer que eu ponha Almeida

no ar, em minha rede de televisão, e mostre a sua cara em meus satélites para o mundo inteiro ver? Por que não deixar que ele entre neste escritório e tome conta do pedaço? Você pirou! — finalizou Masterson, bufando.

Hanley já esperava por isso. Masterson estava obviamente se sentindo ameaçado por Almeida. Mas, depois de vinte e sete anos trabalhando com o homem, Hanley sabia que muita água ainda iria rolar.

"Masterson também tem suas dúvidas sobre Almeida", pensou.

— Bob, preste atenção — apressou-se em dizer. — Nós estaremos na frente dessa bola de neve que vai rolar montanha abaixo assim que as pessoas sacarem o que está acontecendo. E ela vai nos cobrir.

Masterson, ainda bufando, deixou Hanley falar.

— Ponto 1: esse cara não está atrás de dinheiro. Ele está bem de vida e, como informou Martelli, nem usa o que tem. Ponto 2: as pessoas estão loucas por um messias; elas estão nervosas e com medo. O mundo está simplesmente ficando de cabeça para baixo com esse papo de fim do mundo, retorno de Jesus, milênio.

Hanley parou e olhou diretamente nos olhos do chefe. Então continuou:

— Agora, no ápice da histeria, aparece um cara que quando fala é entendido por todos, em qualquer lugar do mundo. Pronto: você tem um messias instantâneo. Você pode ir à televisão quantas vezes quiser e chamá-lo de falso profeta ou até mesmo de demônio. Mas eu acho que você não vai conseguir parar essa bola de neve, Bob.

Em todos os vinte e sete anos que Hanley trabalhou para Masterson, o produtor nunca falara assim com o chefe. Bill Hanley estava surpreso consigo mesmo por sua audácia. Masterson, pelo menos nesse momento, estava chocado demais para responder, então Hanley, percebendo que levava vantagem, continuou pressionando.

— Traga Almeida aqui. Entreviste-o na frente desse auditório fanático que fica gritando améns. Atire tudo que você tem contra ele e deixe as coisas rolarem. Tente quebrá-lo. Se você conseguir, fará ao mundo um favor, e você será um herói. Afinal de contas, quem quer outro messias? Eles só causam confusão.

— E se ele não quebrar? — perguntou Masterson com uma expressão séria.

Hanley estava preparado para isso também.

— Se fizermos tudo direitinho e mesmo assim você não conseguir quebrá-lo, todos o verão como um evangélico tolerante e de mente aberta, que é a imagem que Mary Fried vem tentando criar para você nos últimos cinco anos. Você só pode ganhar. A CCM vai cobrir o maior evento religioso ou... a maior farsa religiosa do século! Bob — finalizou Hanley —, se Almeida for real, não há nada que possamos fazer.

Masterson estava furioso demais para tomar uma decisão. Como Hanley ousava falar com ele daquela forma? Se não fosse por Masterson, Hanley provavelmente estaria produzindo um jornalzinho em alguma emissora do interior.

— Você terminou!

Não era uma pergunta. Hanley não sabia de que modo encarar isso. Ele sorriu e perguntou:

— Para agora ou para sempre?

Masterson fitou Hanley intensamente e com um longo suspiro lamentou:

— Esqueça tudo isso. Talvez você tenha razão. Deixe-me pensar sobre isso durante o fim de semana. Eu devo receber os relatórios de Mary em breve. E também quero dar uma olhada nessas cópias.

— Claro, o que você quiser.

— Por falar nisso — perguntou Masterson timidamente —, cá entre nós, você acha que esse cara é de verdade? O que pensa o Bill Hanley agnóstico, cético e cínico a respeito de Antônio Almeida? Ele é o Cristo reencarnado?

— Que tal uma resposta típica de Almeida? — disse Hanley, devolvendo o gracejo para Masterson, que sorriu e concordou. — Almeida é quem você pensa que ele é.

Capítulo 14

Noite da mesma sexta-feira, ano 2015

FITA UM

Masterson levou para casa as três fitas editadas e as transcrições feitas por Hanley. Ele tinha folheado os textos em seu escritório e viu que, como sempre, Hanley fizera um excelente trabalho. Seguindo suas instruções ao pé da letra, Hanley tinha editado três fitas de duas horas cada a partir das quatro originais. Ele eliminou as redundâncias, repetições e conseguiu organizar os discursos por tópicos.

Masterson estava sentado sozinho em sua biblioteca particular, vestindo um roupão azul e branco solto e confortável. Depois de um jantar leve, ele estava pronto para assistir, ouvir e ler tudo que ele tinha em mãos sobre Antônio Almeida. De sua macia poltrona de couro marrom ele olhou para o relógio digital do videocassete. A luz verde mostrava a hora: oito e cinqüenta e sete.

Sua esposa estava em Nova York, em uma de suas freqüentes viagens de compras, então ele estaria livre para pelo menos duas fitas, e, se conseguisse espantar o sono, veria todas as três. A primeira fita, que Hanley rotulou de *No Que Eu Acredito*, chamou sua atenção. Ele decidiu começar por ela e foi até o aparelho para inseri-la. O televisor deu sinal de vida assim que ele apertou o botão *play*, e, quando Masterson estava de volta à sua poltrona, a tela estava preenchida com o rosto agora familiar de Antônio Almeida.

O rapaz de vinte e nove anos estava falando num grande auditório para mais de mil pessoas. A câmera escondida da CCM devia estar a uns trinta metros do palco, porque a imagem oferecida da multidão era impressionante.

Uma voz saída do meio da multidão lançou uma pergunta. Almeida ouviu a pergunta e repetiu-a em seu microfone para que todos pudessem ouvi-la.

— Um homem me perguntou no que eu acreditava — disse ele olhando para os rostos na platéia. — Vou começar dizendo isto: não se trata crença, mas de fatos.

"Que idiota presunçoso", pensou Masterson, rabiscando anotações no transcrito.

No televisor do evangélico, Almeida começou a elencar esses fatos.

— Em primeiro lugar, Deus existe. Vocês podem chamar de ele, ela ou o que quiserem: Inteligência Infinita, Mãe Pai Deus, Ser Supremo ou Espírito Universal. Ou que tal "Deus do meu entendimento"? Isso não faz mais sentido? Pensem nisso por um segundo. Cada um tem uma concepção sobre Deus. Todos estão certos, porque Deus é tudo.

Almeida perguntou se alguém tinha alguma dúvida sobre o que ele tinha dito.

— É claro que não — bufou Masterson em voz alta. — Você fez Deus tão fácil para eles!

A fita continuou passando, e Almeida continuou:

— Nós fomos todos criados à imagem de Deus. Sei que vocês ouviram isso trilhões de vezes, mas já pararam para pensar nisso? Alguns de vocês são loiros, outros orientais, alguns são baixos, outros são gordos. Obviamente não somos a imagem física de Deus, isso seria impossível. Nossos espíritos é que são criados à sua imagem, por isso somos todos iguais no espírito. Somos todos irmãos e irmãs.

O jovem e bonito pregador sorriu para o público e levou sua explicação um passo adiante.

— Se todos nós fomos feitos à sua imagem, então todos nós somos ligados um ao outro. Por causa de Deus, cada um de nós é parte do outro, portanto somos responsáveis pelo outro e com o outro.

Antônio, olhando diretamente para a lente da câmera escondida, frisou:

— Eu acredito em Deus e acredito em vocês. Eu gostaria que vocês acreditassem em vocês mesmos.

Uma outra voz, essa mais próxima da câmera, foi captada pelo microfone. Havia uma certa hostilidade na pergunta:

— E quanto a Jesus? Você acredita nele?

"Boa!", pensou Masterson. "Até que enfim esse cara vai ter que assumir."

A câmera focalizou o rosto de Almeida, como se ela também estivesse esperando por essa pergunta. Masterson prestou muita atenção à resposta.

— Eu acredito em Jesus. Eu sei que ele foi, e é, o filho de Deus.

Almeida parou por um segundo, e comentou:

— Fico contente que tenham feito essa pergunta. Não poderia ter vindo numa hora melhor, porque essa questão leva a esta resposta: todos nós somos filhos e filhas de Deus. Jesus não é mais nem menos filho de Deus do que vocês. Na verdade ele era, e é, Filho do Homem também.

Murmúrios de desaprovação e descrença rolaram entre o povo. Almeida sorria pacientemente enquanto esperava o burburinho cessar. Quando voltou a falar, sua voz era calma, suave e acolhedora:

— O nome de Jesus atrai tanta emoção e paixão... Não entendo por quê. Ele é filho de Deus, e vocês também. Ele nasceu como Filho do Homem para que os seres humanos pudessem se identificar com ele. Não sei por que vocês querem separar vocês de Jesus. Mas, se vocês têm tanta dificuldade de acreditar que vocês e ele são um e iguais, vou explicar então como vocês e ele são diferentes.

Masterson acompanhava atentamente, fazendo anotações nas margens do transcrito.

— Para começar, há diferentes níveis de vibração no universo. Uns são altos e outros baixos. Jesus falou a vocês sobre esses diversos níveis quando descreveu os diferentes quartos na mansão do Pai. O espírito que vocês chamam de Jesus veio da mais alta vibração.

O público silencioso prestava extrema atenção ao jovem.

— Jesus é o mestre deste mundo. Ele é o guarda da vibração terrestre. Ele é o professor dos professores e é o mais velho de uma grande família de irmãos. Ele é o Bodhisattva no Oriente, é o Imam Mahdi para os muçulmanos. Dois mil anos atrás, quando entrou na vibração terrestre, Jesus veio como um espírito de luz encarnado nesta vibração baixa da Terra. Ele veio para ensinar. Ele viveu uma vida em carne e osso para mostrar a todos desta vibração como viver.

— Ele mesmo disse: "Eu vim como uma luz nesse mundo, para que todos que acreditam em mim não fiquem na escuridão. E, se alguém ouvir minhas palavras e não as guardar, eu não o julgarei, porque eu não vim para julgar o mundo, mas sim para salvar o mundo".

— Vocês, meus amigos, compartilham o mesmo espírito que andou no corpo terrestre de Jesus. Vocês, ele e eu somos filhos de Deus. Somos todos criados à imagem e semelhança do Espírito Infinito.

A multidão estava silenciosa. Masterson, assistindo em sua casa, apontou o dedo para a TV e desafiou Almeida:

— Você parece tão convincente sem ninguém contestando... Eu queria ver você frente a frente com alguém que soubesse o que está falando. Como eu!

No vídeo, Almeida continuava seu discurso:

— Jesus não pertence ao cristianismo, mas à humanidade. Ninguém é dono de Jesus e ninguém é dono de vocês.

Sem esperar por outra pergunta, Antônio prosseguiu, contando à multidão silenciosa no que mais ele acreditava. Masterson continuou fazendo suas anotações.

— Vocês perguntaram no que eu acredito. Eu repito: eu não acredito, eu sei. Por exemplo, toda moralidade pode ser resumida nessa regra simples: "Faça aos outros o que você faria a você mesmo". Isso é verdade, porque "os outros" são vocês. E, pela lei do carma, o que você fizer aos "outros" será, de uma maneira ou de outra, feito para "você".

— Também é verdade quando declaro que a morte não existe! Ao invés da morte, há o renascimento. E nascimento é a mesma coisa que morte; tudo depende do lado da porta pelo qual a pessoa está passando. Se alguém está entrando neste mundo, vocês chamam de nascimento, e se alguém está indo para o mundo astral, vocês chamam de morte.

Uma senhora grisalha e gorda, beirando os sessenta anos, educadamente levantou a mão. Almeida viu-a e, levando seu microfone, encaminhou-se até onde ela estava sentada. Chegando a seu lado, ele pediu-lhe que falasse ao microfone para que todos pudessem ouvir sua pergunta. Rindo, ele disse para ela que tinha aprendido essa técnica assistindo aos programas de entrevista da televisão. Até mesmo Masterson sorriu com a piada.

A senhora grisalha timidamente pediu que ele falasse um pouco mais sobre reencarnação.

— Olhem à sua volta — pediu ele ao público. — Vocês conhecem alguém aqui que é perfeito?

Não houve resposta.

— Pensem um pouco. Não há ninguém que vocês conheçam que é como Cristo? Não existe ninguém que vocês conheçam que vive sua vida como Jesus viveu a dele?

Ninguém respondeu.

— Esse silêncio não me surpreende, porque ninguém é perfeito. Se vocês fossem, não estariam nesta vibração. Agora — disse ele voltando para o palco —, vocês acreditam honestamente que Deus iria criar e depois amaldiçoar essas criações a uma vida eterna no inferno? Vocês não acham que ele os criou para uma coisa maior que apenas uma vida de dor e sofrimento na Terra?

Sua voz praticamente suplicava por entendimento, enquanto continuava:

— Olhem ao seu redor e vocês verão que há um plano e uma razão para tudo. Por que alguns espíritos, criados à imagem dele, vivem nesta terra na pobreza, fome e ignorância, enquanto outros, também criados à sua imagem, vivem aparentemente no bem-bom? Eu pergunto: se vivêssemos apenas uma vida na Terra, isso seria justo? Ninguém é perfeito, e é quase impossível para qualquer espírito evoluir em uma única encarnação.

Almeida pediu-lhes que analisassem suas próprias vidas para ver exemplos do ciclo das passagens.

— Quando você passa de recém-nascido para criança, o recém-nascido morre e a criança nasce. Depois, na passagem da infância para a adolescência, a criança é que morre, com o adolescente tomando seu lugar. E um dia o adolescente vira adulto, e o adulto vira idoso. Essas são as mudanças que todos passam nesta vida: sempre mudando, sempre morrendo e sempre nascendo de novo. A vida do espírito é assim também: sempre mudando, evoluindo e se desenvolvendo.

Bob Masterson anotou na margem do transcrito: "O cara simplifica tudo. Ele é muito bom. Ele convence".

No monitor do evangélico, Antônio Almeida continuava sua explicação:

— Como eu disse: nascimento e morte, não há realmente muita diferença.

Ele então informou ao público que estava pronto para explicar uma outra verdade.

— Todo mundo tem um direito divino, chamado de livre-arbítrio, por meio do qual o espírito evolui, aprende e também se responsabiliza pelas ações resultantes de suas escolhas. Isso não é um castigo, e também não é um prêmio. É simplesmente uma conseqüência chamada carma. Quando vocês aprenderem que suas ações e motivações têm conseqüências, começarão a viver a vida para a qual foram criados.

— É muito importante, então, que vocês não deixem ninguém viver a vida por vocês. O que é certo para uma pessoa pode não ser certo para você. Você cresce por causa do livre-arbítrio e aprende através da escolha.

Masterson bufava para a tela da televisão, dizendo que a maioria das pessoas são idiotas e precisa de alguém que as guie e ensine.

— Sem gente como eu — resmungou —, a maioria das pessoas nesta terra estaria perdida.

A fita continuava a rodar no aparelho. De repente, a tela escureceu. As anotações de Hanley diziam que a próxima cena tinha sido gravada no mesmo auditório, mas depois que a multidão havia ido embora. Para esse segmento Hanley tinha dado o nome de *Uma Explicação da Vida*.

A câmera escondida mostrava Almeida sentado com cinco pessoas numa mesa, colocada no centro do palco. As anotações no pé da página explicavam que as cinco pessoas eram amigas íntimas de Almeida. A jovem se chamava Fernanda. Hanley disse que ela aparecia em outros sermões. O senhor mais velho tinha o nome de Roberto e era budista. Outro homem, meio calvo, era Macedo, um ex-padre católico. Hanley não tinha certeza de quem era o garoto de cabelos loiros. E ele achava que a senhora mais velha de cabelos ondulados grisalhos era uma médium chamada Márcia.

Almeida, com a voz enrouquecida pelo sermão, falou casualmente com seus amigos:

— Há uma coisa que preciso explicar. Eu não tenho feito isso porque não quero deixar as pessoas confusas. Mas, como vocês sabem, há uma diferença entre espírito e alma. Eu costumo passar batido por esse assunto porque cada um vai conferir essa diferença quando chegar ao outro lado. Vou tentar explicar a diferença a vocês, e depois me digam se devo incluir isso nas palestras.

Os cinco concordaram, e o garoto loiro falou:

— Isso deve ser interessante.

Masterson, imitando sarcasticamente o garoto, disse para o aparelho de televisão:

— É, eu acho que essa merda vai ser bem interessante, também.

— Bem — começou Almeida —, o espírito é uma criação direta de Deus, então o espírito é perfeito.

O garoto loiro de dezesseis anos interrompeu, perguntando como um espírito pode ser perfeito se há assassinos, estupradores e pessoas maldosas nesta terra.

— Eu vou chegar lá — respondeu Almeida. — O espírito é perfeito porque Deus é perfeito. Mas Deus é maior que o espírito porque espíritos e humanos são cópias ou "imagens" de Deus. Então os espíritos humanos não são originais, são cópias.

Os cinco amigos ouviam atentos.

— Deus criou espíritos para viver a experiência humana porque através da humanidade eles têm experiências e evoluem com ele. Mas, para viver num corpo humano, o espírito também precisa criar sua própria imagem. E essa imagem é chamada de alma. A alma, ligada ao espírito perfeito, mora no corpo encarnado. Todo mundo está acompanhando? — perguntou.

Fernanda repetiu:

— Nosso espírito vem do Criador, e nossa alma vem de nosso espírito. Até aqui, tudo bem.

Antônio comentou que estava contente por estarem todos entendendo, e continuou com a explicação:

— Antes de um espírito encarnar nesta vibração, a alma cria uma personalidade.

Notando a confusão nos olhos do garoto, Almeida procurou detalhar esse tópico:

— Antes de retornar, ou nascer, nesta vibração, o espírito sabe do que precisa para evoluir. Ele escolhe o sexo mais adequado: masculino ou feminino. Ele molda uma forma: alto, gordo, baixo, inteligente ou não. O espírito, por meio da alma, seleciona a raça: branco, negro, oriental, e assim por diante. Tudo isso para adquirir as condições para encontrar as circunstâncias, experiências e lições de que o espírito necessita para progredir. O conjunto dessas características geradas para o espírito pela alma é chamado de personalidade. O espírito, por intermédio da alma, cria uma cada vez que encarna. Entendeu? — perguntou, olhando diretamente para o menino.

O adolescente sorriu, como se tivesse passado numa prova de matemática, e disse:

— Deus espelha o espírito, o espírito espelha a alma, e o espírito, através da alma, cria nossas personalidades.

Almeida passou a mão nos cabelos do garoto.

— Até aqui, tudo muito bem — disse, sorrindo com satisfação —, mas há mais algumas coisas.

Bob resmungou sarcasticamente para o aparelho de televisão:

— Aposto que sim.

O jovem pregador prosseguiu:

— Nas filosofias esotéricas, a personalidade é freqüentemente chamada de "o ser mais baixo", porque ela, diferentemente do espírito e da alma, não faz parte da energia da luz. Ela, por ter sido criada para viver nesta terra, pertence à carne.

O budista, que até aquele momento ouvia em silêncio, sorriu e acrescentou:

— Isso é verdade. A personalidade está presa à vibração terrestre. Ela, e só ela, está sujeita às limitações de tempo e espaço neste mundo.

Almeida concordou.

Márcia, a médium espírita, concordou também:

— São as personalidades que nascem e são as personalidades que morrem. E é por meio da personalidade que experienciamos o mundo terrestre e tudo que este mundo físico oferece. Há uma conexão da personalidade com a alma e da alma com o espírito. Nós chamamos isso de perispírito.

Almeida sorriu, dizendo que ela também estava certa.

— E é a personalidade que está presa à vibração terrestre, onde o bem e o mal existem — disse ele.

Macedo, o ex-padre católico, comentou:

— E o bem e o mal são forças reais criadas pelas personalidades que habitam este planeta.

— Você também está correto — afirmou Antônio.

Roberto, o budista, explicou que era isto que Buda procurava demonstrar quando ensinava meditação: "Olhe para dentro. Deixe a personalidade do lado de fora. Aquiete a mente, que é uma ferramenta da personalidade. Deixe de lado suas ambições, desejos e apegos da personalidade. Fazendo isso, você verá o Buda que está dentro de cada um".

— O espírito que está dentro — acrescentou o adolescente.

A médium aderiu:

— A imagem de Deus dentro.

O ex-padre acrescentou:

— O Espírito Santo dentro.

Fernanda sorriu para Almeida e falou:

— Deus dentro, o Espírito dentro, Buda dentro. Em todos nós. Juntos.

Os seis refletiram durante alguns momentos. E chegaram à conclusão, através dos ensinamentos de Almeida, que religiões e crenças tinham mais em comum do que eles pensavam.

Masterson, assistindo ao vídeo, colocou o lápis de lado e parou de fazer anotações. Ele estava interessado no que o jovem pregador iria dizer em seguida.

— A personalidade é o mundo. O espírito é Deus. Use a personalidade para aprender, para evoluir, para viver experiências. É por isso que vocês estão aqui. Mas não seja um escravo de sua personalidade, porque você é muito mais do que suas ambições, seu ego, seu orgulho, seus desejos.

Fez uma pequena pausa e continuou:

— Morte é quando a personalidade retorna para a alma. Lembrem-se de que a alma criou a personalidade para viver experiências na vibração terrestre. Agora eu posso explicar o que foi dito dois mil anos atrás:

— Não ame o mundo ou qualquer coisa do mundo. Se alguém amar o mundo, o amor do Pai não está nele. Porque tudo no mundo — as súplicas do homem pecador, o desejo de seus olhos e a ostentação de tudo que ele tem e faz — não vem do Pai, mas do mundo. O mundo e seus desejos acabam-se, mas o homem que faz a vontade de Deus vive para sempre.

— Agora que vocês compreenderam isto, é fácil entender quais são os passos da evolução espiritual. Primeiro: a personalidade terrestre é purificada e libertada dos apegos e das vibrações mais baixas. Isso acontece através da reencarnação e do carma. Quando essa liberação ocorre, a personalidade libertada torna-se uma com a alma. Quando essa junção personalidade-alma acontece, a alma também pode se juntar com o espírito. Todo esse processo é guiado e inspirado por Deus através do Espírito Santo. Como eu digo, existe verdade em tudo e em toda religião. Espírito, alma e personalidade: nossa trindade pessoal!

Masterson, com raiva, pegou o lápis e rabiscou agitadamente. "Como ele ousa igualar os seres humanos à Trindade? Isso beira a blasfêmia", anotou ele.

No vídeo, o budista concordava com Almeida:

— Isso está escrito no Sukla Yajur Veda. "Um homem age de acordo com seus desejos, aos quais se apega. Assim, aquele que tem desejos continua sujeito ao renascimento."

Macedo, o ex-padre, acrescentou:

— João da Cruz disse: "Se é para um homem entrar na união Divina, tudo que habita em sua alma deve morrer, tanto o pouco como o muito, como o pequeno, o grande, e a alma precisa estar livre de desejos".

E Almeida terminou a discussão dizendo:

— Se qualquer homem quer vir comigo, deixe-o negar a si mesmo.

Masterson resolveu que era hora de fazer um pequeno intervalo antes de colocar a fita número dois.

— O cara sabe dar show — disse ele em voz alta enquanto se dirigia à cozinha para fazer um sanduíche.

Capítulo 15

Noite da mesma sexta-feira, ano 2015

FITA DOIS

Quando Masterson voltou para sua biblioteca, o relógio digital do videocassete marcava onze e quinze da noite. Seus olhos vagaram alternadamente pelas duas fitas restantes, até se fixarem na que Hanley rotulou de *Hoje*. Enquanto voltava para sua poltrona reclinável e antes de apertar *play* no controle remoto, Masterson refletiu sobre a primeira fita.

A questão da língua mais uma vez dominou seu pensamento. Como foi feito? O que estava por trás daquilo? Será que forças místicas estavam em ação, forças que ele mesmo não entendia? Peritos e também sua própria investigação empírica concluíram que as fitas não tinham sido alteradas. Agora era a hora de Masterson chegar a uma conclusão.

"Se não há nenhuma explicação terrestre, então deve haver uma explicação não terrestre", ponderou Bob, perguntando-se se a explicação estaria no lado do bem ou do mal.

Acomodado em sua poltrona, Masterson tentou entender Almeida.

"Como é que pode? Se eu falasse em línguas, iria querer que o mundo inteiro ficasse sabendo. Eu mesmo estaria me chamando de 'O Novo Messias'. Mas Almeida não está nem aí com isso. É como se soubesse como toda essa brincadeira vai terminar."

Com o lápis e o transcrito na mão, Masterson estava armado e pronto para mais uma tentativa de desvendar o enigma chamado Antônio Almeida.

Na televisão de trinta e seis polegadas, o rosto expressivo de Almeida preenchia toda a tela. Masterson, como sempre, achava que aqueles olhos azuis apontavam diretamente para ele. Hanley, obviamente, copiara essa primeira cena de uma outra fita, e, como a câmera estava focalizando o pregador bem de perto, Bob não conseguia saber o local onde Almeida estava discursando.

— O mundo de hoje é muito mais complicado do que o mundo de seus pais. Porém a vida é a mesma de dois mil anos atrás. Eu sei que isso é confuso, mas vou explicar.

Quando a câmera abriu o plano, o televisor mostrou Almeida em pé no meio de uma grande roda de pessoas.

— É o seguinte — começou Almeida sua explicação, virando-se e olhando em volta da roda. — Todas as sociedades e culturas estão mudando numa velocidade nunca vista antes. Vocês devem se sentir um pouco deslocados por causa dessas mudanças, não é verdade?

O microfone da câmera captou os murmúrios de concordância da multidão.

— E é com razão que vocês se sentem assim, porque há um monte de coisas acontecendo: antigos empregos estão desaparecendo, dando lugar a outros, que exigem novas habilidades. Aviões, televisão, satélites, Internet... O mundo está girando mais depressa do que nunca. Até poucos anos atrás uma pessoa podia manter o mesmo emprego e viver por toda a vida na mesma casa em que nasceu. Hoje um trabalhador troca de emprego seis ou sete vezes durante a vida, muda várias vezes de cidade para cidade, ou até mesmo de país para país.

Almeida passeou os olhos demoradamente pela multidão e perguntou:

— Agora vocês devem estar pensando: o que vai acontecer? Aonde isso vai chegar e o que significa?

Uma jovem, de idade mais ou menos igual à dele, levantou a mão e perguntou:

— Eu acho que nós gostaríamos de saber *por quê*.

— E agora, garotão? — comentou Masterson em sua poltrona. — A pergunta foi boa. Vamos ver se você tem uma boa resposta.

— OK — disse Antônio. — O que está acontecendo? Aonde isso tudo vai chegar? O que significa? E por que está acontecendo? Vamos por etapas. Primeiro, o que está acontecendo? Isso se chama mudança. Mas muitas pessoas acham que é uma mudança tecnológica que está acontecendo. Elas estão erradas, porque o que está acontecendo é uma mudança espiritual. Vou repetir o que já falei milhares de vezes: a vida nesta vibração se resume a escolhas, e a vibração terrestre está aberta para mais escolhas porque o espírito humano evolui. Quanto maior o avanço espiritual, maior o número de escolhas que aparecem. Lembrem-se: nada acontece por acaso. Dois mil anos atrás havia poucas opções nesta vibração porque os espíritos encarnados naquela época não eram tão evoluídos quanto o são hoje. A evolução traz desenvolvimento, e o desenvolvimento pede um nível mais alto de escolhas e responsabilidade.

Masterson, fazendo suas anotações, acompanhava rancorosamente a lógica de Almeida.

— Em segundo lugar, aonde vai chegar tudo isso? A vibração deste mundo está mudando porque nada no universo é constante. Até mesmo Deus muda, evoluindo também em sua perfeição. Sim, o milênio está trazendo novidades para esta dimensão. Não é o fim do mundo, mas sim a mudança do mundo.

Mesmo pela televisão Masterson sentia aumentar o nível de ansiedade do público. E o dele também.

"Será que Almeida vai fazer previsões para o milênio?", cogitou.

Antônio também sentiu a ansiedade e, para quebrá-la, brincou com a platéia, dizendo:

— Calma, todos vocês estão nisso juntos. Não esquentem a cabeça e não passem seus dias esperando o sol despencar ou um meteoro se espatifar no Atlântico inundando o planeta. As mudanças que estão vindo são nada mais, nada menos que o resultado da evolução desta vibração e, no final das contas, evolução de vocês também. Mas vou adiantar uma coisa: a Terra está entrando numa Nova Era. Valores espirituais e ideais morais terão uma nova importância, e os espíritos que não estiverem prontos simplesmente reencarnarão numa outra vibração mais adequada.

Antônio disse à multidão que ele queria voltar ao porquê.

— A resposta é simples: mudanças e escolhas. Nada é constante ou estagnado. Nada é para sempre. Os espíritos encarnados aqui, através de suas reencarnações, mortes e renascimentos, não são os mesmos de quando foram criados milênios atrás. E as mudanças em seus espíritos são refletidas nas mudanças nesta terra, porque esta vibração reflete a vibração coletiva dos espíritos vivendo aqui. Mais uma vez volto a repetir: nada é por acaso. E, quando a vibração terrestre muda, a vibração do universo também muda, porque tudo está interligado e conectado. Pensem em como tudo isto é emocionante e como vai abrir novas portas.

Masterson resmungou em voz alta e escreveu:

"O cara às vezes parece um porta-voz da Câmara de Comércio."

Um senhor de mais idade, beirando os sessenta anos, cabelos grisalhos, acenou para o pregador, dizendo que queria falar. Almeida sorriu para o velho e deu sinal para ele falar.

— Entendo o que você fala sobre progresso. Mas parece que não estamos progredindo; estamos regredindo. Olhe para toda essa violência de hoje. No meu tempo não era assim.

Antônio concordou dizendo que conhecia muitas pessoas que se sentiam da mesma forma.

— Mas — explicou — o progresso leva a culpa por muitos males que vocês mesmos criam. Acabei de explicar que haveria uma questão espiritual a ser encarada na Nova Era. A violência, sem sombra de dúvida, é uma questão espiritual, porque, enquanto o ódio, a desconfiança e a exploração existirem nesta vibração, a violência existirá. Entendam isto: vocês são responsáveis pela violência, porque vocês alimentam a vibração de que a violência precisa para existir.

Masterson, assim como a multidão que cercava Almeida, aguardava ansiosamente as próximas palavras do jovem pregador.

— Na hora que vocês perceberem que estão ligados um com o outro, a violência acabará. Tão logo vocês decidam se unir sobre o que vocês têm em comum, ao invés de se dividir sobre suas diferenças, a violência desaparecerá desta vibração.

Um outro senhor, possivelmente um professor universitário, discordou:

— Absurdo! A violência é o resultado de desequilíbrios sociais. As pessoas assaltam, roubam e até matam porque se sentem inadequadas ou porque não têm dinheiro ou porque têm problemas mentais ou emocionais.

— Absurdo! — retrucou Almeida. — A violência é o resultado do medo que vocês têm do outro. É esse medo que impossibilita a distribuição justa da riqueza da Terra. Vou provar isso para vocês por meio de perguntas. Por que uma nação teme que uma outra fique por cima? Por que os brancos temem os negros? Por que os ocidentais temem os orientais? E a pergunta mais inconcebível: por que uma religião teme a outra? Vocês já sabem a resposta: medo, ciúme e ódio. E todos os três são a mesma coisa.

Naquele momento Masterson percebeu por que ele temia Almeida: o homem era uma forte ameaça a seu império, a suas ambições políticas e a tudo em que ele acreditava.

— Somente quando os homens conhecerem o espírito é que essas vibrações pesadas poderão ser superadas. Quando vocês reconhecerem que realmente são um só, não haverá razão para ciúme. Quando vocês souberem que os primeiros serão os últimos e que os últimos serão os primeiros, essa competição constante, corrupta e estúpida à qual vocês estão apegados evaporará.

Antônio olhou para todo o grupo. Ele sabia que a maioria não estava convencida, por isso resolveu terminar sua mensagem assim:

— Há dois mil anos veio um outro mensageiro. E os espíritos encarnados daquela época o chamaram, entre outras coisas, de idealista sonhador. Eu vou fazer mais algumas perguntas para vocês: Por que é mais fácil para os espíritos terrestres entender ciúme do que entender o amor? Por que é mais fácil abraçar o ódio do que a compaixão? A Terra está entrando numa Nova Era, e aqueles que não aceitarem esses ideais não poderão viver aqui. É simplesmente isso.

Capítulo 16

Sexta-feira para sábado, ano 2015

FITA TRÊS

Bob Masterson lutava contra seus olhos pesados. O relógio digital do aparelho de vídeo indicava meia-noite e trinta e cinco, era madrugada de sábado. Dali a algumas horas ele estaria recebendo de Mary Fried um *e-mail* relatando seus quatro dias de intensa pesquisa em São Paulo e, em seguida, dependendo desse relatório, ele daria um telefonema para Bill Hanley. Masterson deixara Hanley de prontidão. O evangélico ainda não havia decidido se mandaria ou não Hanley para o Brasil a fim de convidar Almeida a Louisville.

"Falta só uma fita", pensou Bob, olhando o relógio. Ele estendeu a mão para pegar a fita que Bill entitulara de *Palavras Velhas, Idéias Novas*.

Mais uma vez, ele inseriu a fita no aparelho, voltou para sua confortável poltrona e esperou as primeiras imagens aparecerem.

Essa fita era diferente das outras duas. A tela da TV não acendeu imediatamente com a imagem do pregador jovem e atlético. A câmera tremia um pouco, mas finalmente se estabilizou e focalizou um senhor de idade, de terno preto, camisa branca sem gravata e um chapéu preto.

"Parece um rabino", refletiu Masterson. Checando as anotações de Hanley, ele viu que estava certo: o homem era mesmo um rabino.

O rabino estava educadamente com a mão levantada, aparentemente esperando ser notado por Almeida, que estava terminando de responder uma outra pergunta. Antônio, do outro lado do palco, provavelmente fizera um sinal para o rabino, pois o rosto enrugado do homem sorriu e ele começou a fazer sua pergunta.

— Espere um segundo — disse Almeida, de algum ponto do recinto.

Nesse instante a câmera abriu para uma tomada geral, mostrando Antônio andando até o rabino, fazendo sinal para alguém trazer uma cadeira para o velho senhor.

Aquela imagem informou a Masterson que esse seria outro encontro de massa, desta vez acontecendo ao ar livre embaixo de uma lona. As anotações de Hanley não forneciam nenhuma pista de onde e quando o encontro ocorrera. Porém Bob pôde ter certeza de que tinha sido ao anoitecer. Por seus cálculos, havia em torno de quatrocentas pessoas debaixo da tenda e outras cem aglomeradas do lado de fora.

Almeida sentou-se no chão, de pernas cruzadas, ao lado do rabino, e perguntou:

— O que posso fazer pelo senhor, mestre?

O velho rabino sorriu, segurando o microfone que Antônio lhe dera.

— Eu gostaria de fazer uma pergunta. Mas, primeiro, tenho um comentário a fazer.

Almeida olhava para longe quando o rabino começou a falar.

— Meu jovem, eu o ouvi falar não só uma vez, mas três vezes durante estas últimas semanas. Você é um excelente orador e — acrescentou com um sorriso insinuante — parece ter um excelente domínio da língua.

Luzes vermelhas piscaram e sirenes tocaram na cabeça de Masterson. Ele olhou para as anotações de Hanley, temendo o que viria em seguida.

— Mas tenho algumas dúvidas. Você fala umas coisas que vão completamente contra tudo que estudei, li e pelo menos tentei seguir durante toda a minha vida. Você poderia, por favor, responder-me algumas perguntas?

Masterson ficou aliviado ao ouvir isso e ao ler nas anotações de Hanley que o "mistério da língua" não seria discutido.

Almeida, olhando para o velho, respondeu que seria uma honra responder à sua pergunta, mas primeiramente ele gostaria de explicar ao público quem era aquele senhor.

— Este senhor é um rabino, um ensinador da fé judaica. Eu estou muito feliz por ele estar aqui esta noite. Já havia notado sua presença em outras ocasiões e estou contente que ele tenha voltado, mas estou ainda mais feliz por ele ter resolvido se juntar ao nosso bate-papo. — E, sorrindo para o rabino, pediu: — Vá em frente, mestre.

— Eu o ouvi declarar, diversas vezes, que não existe o certo nem o errado, há apenas conseqüências. Você também afirmou que não há nenhum julgamento de Deus, há apenas o resultado de nossas ações. Isso não faz sentido para mim. Você está ensinando que somos livres para agir como quisermos e para inventar as regras? Não existem padrões? Não há nenhuma moral, não há nenhuma ética? — O rabino fixou sua atenção em Almeida, esperando uma resposta.

Antônio levantou-se do chão e olhou não para o rabino, mas para a platéia.

— Reconheço que o que eu disse é difícil de entender. Desde o momento em que vocês nascem, as pessoas lhes impõem seus conceitos do que é certo e errado. E agora — disse ele, sorrindo — chega esse tal de Almeida pregando que não existe certo nem errado. Acho que eu não devo ter explicado direito.

Antônio respirou fundo. Ele estava determinado a esclarecer o assunto.

— Eu repito: não há certo. Não há errado. Há, no entanto, tudo. E neste tudo está a resposta. Por exemplo — falou dirigindo-se ao rabino —, você já ouviu falar dos dez mandamentos?

O velho senhor, com um sorriso nos lábios, respondeu que sim.

— Bem — Almeida agora falava para o público —, risquem a palavra mandamentos. Ninguém lhes obedece mesmo. Vamos ser honestos: os dez mandamentos são a maior piada da Terra, porque ninguém realmente os segue.

As pessoas presentes naquela tenda estavam chocadas com suas palavras, mas Almeida continuou sem parar:

— Vamos deixar de hipocrisia. As pessoas matam não somente outras pessoas, mas também matam outras formas de vida do planeta. As pessoas mentem, roubam e cometem adultério. No sabá, quantas igrejas, templos e sinagogas ficam quase vazias? Então é como eu disse: os dez mandamentos são uma piada.

O rabino começou a protestar, mas Almeida educadamente levantou sua mão, pedindo calma e paciência.

— Rabino, eu gostaria de saber uma coisa: as pessoas que desrespeitam esses mandamentos vão passar a eternidade queimando no inferno? Ou será que um mandamento é mais importante do que outro? Por exemplo: não matar é mais sério do que não mentir? Ou guardar o sagrado dia de Deus é menos sério do que roubar?

O rabino pediu para Almeida prosseguir. Ele estava prestando muita atenção ao que Antônio estava dizendo, como também estavam as quatrocentas pessoas da platéia. Sentado em Louisville, Kentucky, Bob Masterson também escutava cada palavra que Almeida tinha para falar.

Almeida declarou ao rabino e ao público que um mandamento não era mais importante do que outro.

— Mas eles não são mandamentos. Eles não são leis, não são decretos, não são ordens.

O rabino falou ao microfone, perguntando a Almeida o que eram os mandamentos se não regras de Deus para os homens.

Antônio respondeu:

— Eles não são dez mandamentos, eles são dez percepções.

O rabino olhou curiosamente para o jovem pregador à sua frente, esperando o que viria em seguida.

Antônio, com largo sorriso, entendeu a confusão do velho.

— Quando você está iluminado e ciente de sua conexão com Deus e com todos, os supostos mandamentos deixam de ser mandamentos, eles se tornam uma parte de você. Você não obedece. Você é.

Antônio avisou ao público que iria explicar cada uma dessas percepções que eles conheciam como mandamentos. Ele pediu que alguém dissesse o primeiro.

Uma menina de oito anos de idade, na frente do palco com seus pais, gritou: "Não matarás". Antônio sorriu e disse que, apesar de não ser o primeiro, era um bom começo.

— Quando seu espírito chegar à luz, você terá amor e respeito por toda e qualquer forma de vida, e vai entender que não pode terminar com uma vida porque a vida não tem fim. Quando vocês perceberem que são espíritos do mesmo criador, finalmente perceberão a conexão entre vocês e todas as formas de vida que existem. Essa percepção não pode ser imposta; ela tem que evoluir. Vocês saberão que estão evoluídos e iluminados quando "não matarás" virar "eu sou um com o todo".

Uma explosão de vozes ecoou na tenda, e as pessoas disputavam a atenção de Antônio, que pacientemente acalmou o público dizendo que ele podia adivinhar qual era a pergunta que os angustiava.

— Todos vocês querem perguntar sobre assassinato e pena de morte. Aposto que é isso que está em suas mentes.

— Olho por olho, dente por dente — gritou um homem do fundo.

Masterson assistia à multidão pressionar Almeida. Ele também estava curioso para ver como o pregador iria lidar com esse assunto polêmico.

— Olho por olho, dente por dente — repetiu Almeida. — O Velho Testamento — acrescentou, acenando para o rabino. — Esse é um bom exemplo de como as palavras podem ser mal interpretadas, mal usadas e distorcidas.

O zumbido provocado pelos comentários tomou conta da tenda, e Antônio pediu à platéia que ouvisse atentamente o que ele iria explicar.

— Essas palavras, "olho por olho, dente por dente", foram as primeiras instruções básicas sobre o carma: o que você faz será feito a você. Não querem dizer mais nada.

Passando os dedos por entre os cabelos pretos, o pregador continuou:

— Hoje vocês usam aquelas palavras para justificar a pena de morte. Digo em voz clara: nada justifica a pena da morte, porque assassinato não justifica assassinato e não existem racionalizações, estatísticas ou gráficos que possam tornar certo o que é errado.

Uma jovem segurando um recém-nascido nos braços gritou

para Almeida que as pessoas tinham o direito de se proteger contra os marginais. Antônio concordou, mas acrescentou:

— Aprendam a tratar a alma que mata e estupra. Eu sei que é mais fácil trancar pessoas numa cela e esquecê-las. Mas não esqueçam o que ensinei: nós todos somos os guardiões de nossos irmãos, porque somos do mesmo Espírito e isto vale não somente para vocês, mas também para o membro mais desprezível e odiado da sociedade. Essa alma, mesmo doente, perturbada e confusa, é também um espírito de Deus.

Enquanto alguns demonstravam seu descontentamento, Almeida levantou a mão e falou:

— Eu nunca disse que o caminho que aponto é fácil, e também nunca falei que meu caminho é o único. Mas eu sempre falo a verdade, porque este palco aqui não é um palanque político, eu não estou caçando seus votos.

Masterson deu um crédito para Almeida:

— Pelo menos ele não é mais um que fica em cima do muro. Ele fala o que pensa e não se importa se concordam ou não.

Novamente sinalizando ao rabino, Almeida lembrou que queria voltar às dez percepções. O velho senhor declarou:

— Eu sou o Senhor teu Deus. Não terás nenhum outro Deus além de mim.

— Quando vocês chegam à luz, vocês verão a verdade por trás dessa frase, e os outros deuses ao seu redor não serão mais importantes. Esse "mandamento" não está falando dos deuses de outras religiões, seitas ou crenças, mas sim dos deuses da terra: dinheiro, poder, sucesso e status. Vocês saberão que estão no caminho da luz quando esses deuses não significarem mais nada para vocês.

O rabino proferiu o próximo mandamento:

— Não invocarás o nome de Deus em vão.

— Se vocês percebem a verdade da primeira, vocês entendem esta segunda. O caminho de Deus é um e o caminho da Terra é outro. Quando vocês perceberem que Deus não castiga nem premia e não se mete com nosso carma, vocês entenderão como é em vão usar o nome dele para sucesso pessoal, glória ou mesmo vingança. Não usem o nome dele para justificar seus atos ou vangloriar seu ser, e, principalmente, não usem o nome de Deus para conseguir vantagens morais ou financeiras.

O rabino passou para o terceiro mandamento:

— Guardarás o dia de sábado, para o santificar, como te ordenou o senhor teu Deus.

— Esse dia do sabá, para os iluminados, não existe — explicou o jovem pregador — porque, quando vocês perceberem o que realmente são, esse um dia virará todos os dias. Quando seu espírito se desapegar das encarnações terrestres e perceber que é um espírito realmente ligado a Deus, todos os dias virarão santos.

Uma voz na multidão, antecipando-se ao rabino, gritou o mandamento número quatro:

— Honra teu pai e tua mãe.

Almeida explicou que, uma vez que uma pessoa reconhece que todos são do mesmo Espírito, ela passa a honrar a todos, porque "vocês verão todos como seu pai ou sua mãe, porque todos nós somos um".

Brincando, Antônio lembrou que o mandamento cinco, "o mandamento do assassinato", já havia sido discutido, então ele pularia para o número seis, "Não cometerás adultério".

— Este e o resto desses "mandamentos" são basicamente a mesma coisa. Eles falam sobre a maneira como os espíritos evoluídos vêem um ao outro. Não há necessidade de trapacear, roubar ou pegar alguma coisa que não lhes pertence. O evoluído sabe que tudo é seu e ele não iria roubar a honra ou a reputação de uma pessoa com mentiras. Um espírito evoluído não tem, em todos os sentidos, ciúme de seu vizinho.

O velho rabino levantou-se de sua cadeira com microfone na mão e dirigiu-se ao público:

— Este homem tem razão. Quando redescobrirmos quem somos, estaremos livres. Livres das idéias mesquinhas, dos ódios, das ambições e dos desejos. Deus prometeu isso para seu povo. Ele não nos ordenou isso, porque todos nós somos livres para encontrar o próprio caminho no tempo certo. Acho que sei o que Antônio quer dizer. Os dez mandamentos não são leis escritas em pedra, eles são faróis plantados no caminho de nossas vidas. E nós vamos saber que alcançamos nosso destino quando esses faróis não forem mais necessários.

Masterson olhou para o relógio: eram quase duas hora da madrugada de sábado para domingo. Ele estava cansado e com sono.

Capítulo 17

Sábado de manhã, ano 2015

O ÚLTIMO SONHO DE MASTERSON

"Em vão o homem tolo acumula comida. Eu lhes digo de verdade, será sua queda. Ele junta para si mesmo, nem para um amigo, nem para um companheiro. Sozinho ele come."

Rig Veda Samhita 10.117.6

"Assim, pois, todo aquele dentre vós que não renuncia a tudo quanto possui, não pode ser meu discípulo."

Lucas 14:33

Com seus olhos carregando o peso do sono, o evangélico subiu a longa escada de carvalho até seu quarto no andar de cima. Eram quase duas e meia da madrugada de sábado e ele sabia que teria um dia cheio pela frente.

Primeiro: Mary Fried mandaria, de São Paulo, nas primeiras horas da manhã, o *e-mail* com o resumo das pesquisas sobre Almeida. Ele sabia que o relatório seria completo, competente e profissional, porque Mary era demasiadamente completa, competente e profissional, além de ser fria, sem emoção. Ele nunca confiou totalmente nela.

Segundo: Hanley. Seria bom mandá-lo ao Brasil para falar com Almeida? O que lucraria ao dar a esse pregador da Nova Era uma vitrine para o mundo todo em sua rede de televisão?

"E o mistério da língua?", pensava Masterson. Ele tinha acabado de assistir a quase seis horas de fitas gravadas numa língua estrangeira e entendera todas as palavras, nuances e sílabas pronunciadas não só por Almeida mas por todos os que estavam presentes. Masterson não tinha nenhuma dúvida de que o mistério seria descoberto não dentro de poucos dias mas dentro de poucas horas.

"E, quando isso acontecer, o circo realmente vai pegar fogo", refletiu.

E Antônio Almeida? Quem era ele? Até então ninguém — nem Mary, nem Martelli, nem Hanley — foi capaz de responder a essa pergunta.

"Será ele um hippie ou um profeta? Cristo ou um anticristo?", questionava sua mente febril. Nem mesmo Almeida dizia quem ele era. "Eu sou quem você pensa que sou", era sua resposta.

"Talvez ele esteja certo", respondeu Masterson a si mesmo na escuridão de seu quarto. "Talvez ele seja apenas o que a gente pensa: nada misterioso, nada sobrenatural e nada extraterrestre."

Enquanto se revirava de um lado para o outro, tentando pegar no sono, Masterson questionava a si mesmo:

— Então, se for assim, eu acho que ele é o quê?

— Ele é um falso profeta, um anticristo — respondeu a paranóia dentro dele.

— Não há nada que indique isso — respondeu o Masterson pragmático ao Masterson paranóico.

— Então seria ele Jesus, ou um mensageiro dele que encarnou na Terra? — acrescentou o Masterson humano.

— Talvez seja — respondeu o Masterson tele-evangélico. — Afinal, fiz uma fortuna dizendo que o dia do retorno ia chegar. E se agora for verdade, e essa verdade se chamar Antônio Almeida?

Todos os Mastersons procuraram uma resposta. Bob tentou aquietar essas vozes, mas cada uma clamava por sua atenção.

Ao seu redor ele sentiu os tique-taques do tempo batendo silenciosamente, incessantemente e interminavelmente, prestes a desvendar a resposta. Ele tinha certeza de uma coisa: a resposta viria logo; não no ano que vem nem no mês que vem. Logo. Todos os seus sentimentos e cada centímetro de seu ser diziam que a resposta viria dentro de dias ou talvez de horas e Bob sabia que ele faria parte dessa resposta.

A névoa do sono lentamente tomou conta da mente consciente, e sua mente inconsciente despertou. Masterson não sabia, mas seu espírito agora estava aberto para receber orientação. Enquanto sua mente consciente vagava para o descanso, seu espírito também vagava, não mais prisioneiro desta dimensão, mas livre para viajar numa outra. Bob Masterson, mais uma vez, iria sonhar com Antônio Almeida.

Como todo mundo, Bob tinha seus guias espirituais, que, nos sonhos, tentavam abrir a cortina entre o mundo terrestre e o mundo astral. Toda noite, nos sonhos, eles tentam trazer conforto, conhecimento e orientação. Mas, como a alma de Masterson estava presa aos medos terrestres, aos sonhos materiais e aos desejos de sua personalidade, ele não entendia claramente as mensagens que esses guias traziam.

Nessa madrugada de sábado para domingo os guias mais uma vez tentaram abrir a cortina, querendo mostrar quem realmente era Antônio Almeida. A seu lado todos esses anos, seus guias viram a construção da CCM e sua transformação em um dos maiores impérios das comunicações do planeta. Esses guias também estavam ao lado do evangélico quando ele usava o nome de Deus para fins lucrativos. Estavam com ele agora, falando sobre o amanhecer da Nova Era e como ele poderia usar esse complexo de comunicações para contar ao mundo sobre as mudanças que viriam pela frente.

— Você pode fazer muito para aliviar o medo, esclarecer os mal-entendidos e contribuir para o progresso dos espíritos humanos. Você foi presenteado. Use o que lhe foi dado para espalhar a palavra — sussurrou um dos guias para o espírito de Masterson.

Em seguida, um dos guias respondeu à pergunta que atormentava a alma de Bob Masterson.

— Antônio é um mensageiro de luz. Alguns o conhecem como Jesus, outros como Buda, outros como um profeta da Nova Era. Ele é tudo isso e muito mais. Antônio é o Filho do Homem, porque ele nasceu dentro da carne para mostrar o caminho fora da carne. Ele sofre, ele sente, ele age e reage como vocês, mas ele não faz parte da ilusão que vocês criaram para vocês mesmos. Antônio é uma parte de seu mundo, mas não é de seu mundo. Esse mensageiro veio da mais alta vibração para mostrar como conseguir chegar a esta vibração.

Seu sonho foi filtrado pelos apegos terrestres, e Masterson não assimilou tudo que foi falado. Mas, em um momento qualquer durante seu sono, o tele-evangélico tomou uma decisão: ele mandaria Hanley a São Paulo para convidar Antônio Almeida para aparecer na rede mundial da CCM.

Capítulo 18

Manhã do mesmo sábado, ano 2015

MARY FAZ UM RELATÓRIO

"*E os soldados, tecendo uma coroa de espinhos, puseram-lha sobre a cabeça, e lhe vestiram um manto de púrpura; e chegando-se a ele, diziam: Salve, rei dos judeus! e davam-lhe bofetadas.*"

João 19:2–3

"*Sempre impeça a alma carnal de pegar o que ela quer, assim você pode atingir o desejo eterno e estar livre da prisão da escuridão.*"

Corão *79:40–41*

Mary Fried chegou a São Paulo numa terça-feira de manhã, e logo depois de um banho e troca de roupa no hotel, ela começou a trabalhar no caso de Antônio Almeida. Agora, quatro dias depois, o serviço estava terminado e ela estava pronta para falar com Bob Masterson. Cerca de uma hora antes, ela mandara, via Internet, um resumo e análise referentes à sua intensa pesquisa sobre Antônio Almeida.

Em seu escritório alugado, Mary esperava ansiosamente o telefone tocar, e enquanto não tocava, ela lia e relia o relatório. E, mesmo depois de tê-lo lido oito vezes, ela ainda não sabia o que pensar sobre o jovem pregador brasileiro.

Mary começou seus grupos de trabalho sobre Almeida na quarta-feira, e com a ajuda de pesquisadores que falavam inglês ela mesma conduziu várias sessões. Um dado que a impressionou foi que mais de duas mil pessoas de todos os segmentos da sociedade brasileira participaram das discussões sobre Antônio Almeida.

Mary fez uso de sofisticadas técnicas utilizadas para descobrir, por exemplo, por que as pessoas preferem uma marca de sabonete a outra. Durante quatro dias de trabalho, elaborou-se um retrato cada vez mais detalhado sobre o que as pessoas pensavam de Antônio Almeida. E, em quinze anos no ramo de pesquisa, Mary nunca tinha visto o tipo de resultado que ela acabara de mandar a seu chefe.

Mary estava perplexa. Ela sempre teve a habilidade de ver como pessoas de níveis sociais distintos reagiam diferentemente ao mesmo fato, pessoa ou assunto. Ela contava com isso. Sua reputação tinha sido construída com base em seu talento de jogar um grupo contra o outro. "Divida e conquiste", ensinava a seus discípulos.

O caso Almeida, no entanto, não pôde ser atacado com tanta facilidade, porque quase todos os participantes, independentemente de idade, sexo, religião, educação ou nível econômico, reagiam ao jovem pregador da mesma maneira. Mary Fried passou desde as onze horas da noite de sexta até as dez horas da manhã de sábado conferindo os resultados dos duzentos grupos, e daquela montanha de papel uma constatação se sobressaía: as pessoas, quando ouviam Almeida falar, se envolviam com ele. Cerca de oitenta por cento dos participantes expressaram uma opinião mais do que favorável sobre o pregador depois de ouvi-lo.

Ela estava abismada com o fato de católicos conservadores, judeus ortodoxos, batistas, protestantes evangélicos e até mesmo ateus declarados concordarem: eles gostavam de Antônio Almeida.

Mary sabia que precisava achar um gancho para dar sentido àquele absurdo. Masterson estava em pânico, e sua equipe em Louisville informara que Bob já havia começado a agir. Contaram para ela sobre a gravação do *Clube de Cristo* da quarta-feira, quando, mesmo não citando Almeida por nome, Masterson lançou os primeiros tiros contra o pregador brasileiro. O programa estava escalado para ir ao ar na segunda-feira, dali a dois dias. Mary sabia que Bob estava começando a posicionar a artilharia, e ela também sabia que Masterson sozinho era um canhão solto.

Sua equipe, que a acompanhava desde os tempos do Partido

Republicano, era leal a ela e não à CCM, e colocaram-na a par da idéia de Bill Hanley de levar Almeida a Louisville, para debater com Masterson.

"Hanley é um bundão...", pensou. "Mas essa idéia até que tem um certo mérito."

Mary então varou a madrugada sem dormir, massageando e floreando seu relatório. Sua intenção era encontrar uma isca que Masterson pudesse morder, porque ela queria assumir o controle total do Projeto AA.

— Assuste-o, depois o acaricie — repetiu Mary dezenas e dezenas de vezes pela manhã. "Assuste-o com o relatório e depois o acaricie ao telefone" era a estratégia que ela adotara. Mary tinha certeza de que conseguiria o controle do projeto.

— Afinal — disse ela sorrindo para si mesma — não sou a manipuladora do manipulador?

Enquanto esperava o telefone tocar, Mary fazia o que sempre costumava fazer antes de entregar um relatório: lia-o como se fosse Masterson lendo-o pela primeira vez.

PROJETO DE PESQUISA
SOBRE ANTÔNIO ALMEIDA

Antônio Almeida é um brasileiro de vinte e nove anos de idade que ultimamente vem atraindo a atenção no Brasil como um pregador. Algumas pessoas vão até mais longe, chamando-o de Jesus da Nova Era. Por enquanto essa atenção está concentrada no Brasil, porém não demorará muito até que ele atraia interesse de fora. Até hoje ninguém se deu conta do fenômeno da língua, mas com certeza isso não vai durar muito.

(*"Basta que ele abra a boca quando um estrangeiro estiver ouvindo"*, *refletiu* Mary. *"E isso pode acontecer a qualquer momento."*)

Neste relatório estão os pontos chaves que surgiram depois de conduzir grupos de discussão com duas mil pessoas de todos os níveis socioeconômicos e religiosos existentes no Brasil. Esses grupos foram compostos de católicos, protestantes, judeus, muçulmanos, budistas, espíritas e até ateus.

(*"Vou começar mostrando a ele que fiz minha lição de casa", pensou Mary.*)

Devo avisar que o que vou relatar precisa ser coberto de extremo sigilo, porque, em todos os meus anos como pesquisadora profissional, nunca vi resultados semelhantes aos apontados nesta pesquisa.

(*Mary orgulhava-se desta última frase, porque transmitia para Bob um sentimento de importância e urgência. Ela podia ver Masterson arqueando as sobrancelhas ao ler isso.*)

Nós usamos uma técnica especial, chamada "Antes e depois". Os "antes" são pessoas que nunca ouviram falar de Almeida. O líder da discussão leu uma passagem de um de seus sermões. Os "depois" são as mesmas pessoas entrevistadas *depois* que o líder do grupo mostrou uma fita em que Almeida fala as mesmas palavras que o líder havia lido. Os resultados foram, no mínimo, interessantes.

(*"Eu sei que Bob gosta desses truques de pesquisa. Ele vai vibrar."*)

RESULTADOS

OS ANTES

O moderador leu:

"O pecado não existe, nem o chamado certo e errado. A vibração terrestre criou esses conceitos porque pessoas precisam de sinalizações morais em seu caminho na vida. Mas como pode existir um certo ou errado se existe causa e efeito, e tudo é resultado do que veio antes? Eu pergunto: como pode haver o errado se nada acontece por acaso? Então não existe essa coisa de escolha errada ou ação certa. O que existem são ações, e as intenções por trás dessas ações. Alguns atos e intenções vêm de apegos às vibrações de poder, riqueza, ego, vaidade e status. Logicamente as ações que fluem desses apegos têm conseqüência, assim como as ações e intenções que vêm do amor, do desprendimento e da humildade têm as suas conseqüências. Ação resulta em reação, e o pecado é uma palavra obsoleta quando você entende essa lei cármica."

(*"Masterson vai dar pinotes quando ler isto."*)

Agora, aqui estão algumas reações dos ANTES:

"Quem disse isso é um idiota. Ensinaram-me o que é certo e o que é errado. Pecado é errado. É uma ofensa contra Deus...", *dito por uma dona de casa de trinta e três anos, classe média.*

"Imagine o que aconteceria se as pessoas fizessem o que bem entendem... Seria o caos. Quem disse isso está sugerindo que somos livres para fazer o que quisermos", *executivo de quarenta e dois anos, classe média alta.*

"Meu marido bebe muito. Nós vamos à igreja evangélica, onde o pastor grita com ele. Pelo menos ele o assusta o suficiente para fazê-lo parar um pouco de vez em quando. Meu marido é muito ignorante e estúpido para saber o que fazer por si mesmo", *empregada doméstica, classe baixa.*

Depois de um intervalo de aproximadamente vinte minutos, passamos a fita em que Almeida fala exatamente as mesmas palavras.

(*"Por falar nisso, eu estava na sala. E ouvi a fita em inglês. Graças a Deus todos os participantes eram brasileiros."*)

Aqui está agora o que *essas mesmas pessoas* disseram *depois* de ouvir Almeida:

OS DEPOIS

"Sempre me ensinaram que não havia pretos ou brancos na vida, mas todos somos diferentes, e fazemos as coisas por diferentes razões. Eu me divorciei alguns anos atrás porque meu marido batia em mim e em meus filhos. A Bíblia diz que sou uma pecadora porque me casei de novo. Acho que seria um pecado muito maior se eu ficasse com aquele homem, deixando-o bater em mim e em minhas crianças", *dona de casa, trinta e três anos de idade, classe média.*

"O cara está certo. As pessoas fazem o que querem, pecado ou não pecado. Essa coisa de ameaçar você com pecado não funciona. No entanto, se você sabe que é responsável por tudo que você fizer, até mesmo pelo que você pensa, bem, isso é uma outra história. Ele está fazendo com que eu reavalie como e por que eu ajo", *executivo de quarenta e dois anos, classe média alta.*

"Como eu disse, meu marido pára de beber durante um tempinho, depois que o pastor de nossa igreja dá um susto nele. Depois começa de novo. Talvez ficar assustando não funcione tão bem, afinal de contas", *empregada doméstica, classe baixa.*

Um outro exemplo:

Citação de Almeida lida pelo moderador:

"Existe uma ordem no universo, como existe ordem e razão para a vida. A reencarnação faz parte dessa ordem e do plano divino. Nossos espíritos aprendem através de cada ciclo de morte e renascimento. Cada vida é diferente, e, a cada nova vida, surgem novas experiências para o espírito provar. Por exemplo: você está aqui para *aprender* com a raiva, mas não para *agir* com raiva. Você está na Terra para aprender com o ódio mas não para ser odioso. Você está aqui para aprender com o ciúme mas não para ser ciumento. Você está aqui para aprender com o medo, mas não para ser medroso, como também você está aqui para aprender a usar o poder, e não para ser possuído pelo poder; a usar o dinheiro, e não ser escravo do dinheiro; e a aprender com a matéria, mas não ser da matéria. Porém espíritos encarnados se esquecem de sua origem divina e se apegam às ilusões da vibração terrestre. É por causa desses apegos que vocês estão constantemente renascendo aqui. Desprendam-se e descubram o que vocês realmente são. O Espírito Universal — ou Deus, se é assim que querem chamá-lo — está dentro de cada um e em todos vocês. Nós somos criados à sua imagem e semelhança."

OS ANTES

"Ô, meu! De novo esse lero-lero de Nova Era? Esse papo todo é complicado demais para eu entender", *estudante, vinte e três anos, católico.*

"Como pode Deus estar dentro de um assassino, um estuprador, um bandido? Quem disse isso não vive no mundo real. Parece algum monge budista vivendo no topo de uma montanha", *contadora, trinta e nove anos, sem preferência religiosa.*

"Nós nascemos apenas uma vez, depois morremos. Assim diz a Bíblia", *senhora de cinqüenta e cinco anos de idade, batista.*

OS DEPOIS

"Ninguém é santo, especialmente se você ouve o que eles falam na igreja. Talvez ele esteja certo: nenhum de nós faz a coisa certa na primeira vez, ou na segunda ou na terceira, porque nós nunca pensamos realmente no que estamos fazendo aqui", *estudante, vinte e três anos, católico.*

"Eu sempre pensei que Deus não tivesse nada a ver com a minha vida e pensei que as coisas aconteciam porque aconteciam. Talvez esses assassinos e estupradores, dos quais eu falei antes, bem, eu não sei. Se eles são uma parte da criação da vida, assim como eu, deve haver uma razão por trás de tudo que acontece", *contadora, trinta e nove anos, sem preferência religiosa.*

"Tenho tentado viver uma vida conforme a minha religião. Mas e os que pertencem a outras religiões? Eu sou melhor que eles? Eu acho que não. Talvez, só talvez, esse garoto Almeida tenha razão: cada vez que a gente vem, a gente aprende alguma coisa diferente", *senhora de cinqüenta e cinco anos de idade, batista.*

ANÁLISE

Eu jamais vi algo parecido antes. Parece que Almeida provoca um curto-circuito nos preconceitos, idéias e crenças de cada pessoa. Examine cuidadosamente o que essas pessoas disseram e verá que todos ouviram o que querem ouvir. Eles personalizam os ensinamentos dele. Isso acontece sem exceções, desde os católicos mais tradicionais, até judeus ortodoxos e os crentes mais radicais.

(*"Bob vai remoer isso um pouco."*)

O telefone tocou. Mary sabia que era Masterson ligando de Louisville. Ao pegar o telefone e ouvir o sinal característico de ligação internacional, sua intuição se mostrou correta: o chefe estava no outro lado da linha.

— Oi, como está São Paulo? — perguntou uma voz cansada. — Li seu relatório há mais ou menos dez minutos. Então, o que fazemos agora? Pelo que você disse, esse cara vai converter o mundo em poucos dias — disse Masterson com seriedade.

Mary estava preparada. Ela havia ensaiado essa conversa durante as últimas horas. Agora era sua chance de tomar conta da situação e arquitetar todo o ataque contra Antônio Almeida.

— Oi, Bob. Talvez ele demore um pouco mais, se depender da gente.

Ela estava dando à sua voz o tom mais alegre e confiante possível. O duelo com Masterson iria começar agora.

— Bill Hanley quer trazê-lo até Louisville para um debate ao vivo comigo. O que você acha?

Mary sabia que ele estava a fim de jogá-la contra Hanley. Essa era a maneira pela qual Masterson formava suas opiniões e chegava às suas decisões. Ela disse que eles poderiam conversar sobre isso em seguida, mas antes havia algumas coisas que ela gostaria de discutir com ele.

— OK, Mary, o que você manda?

Ela respirou fundo e começou.

— Bob, olhe, nós temos que ser objetivos. Na segunda-feira passada, apenas cinco dias atrás, você chamou a gente em seu escritório e passou uma fita sobre esse desconhecido brasileiro chamado Antônio Almeida. Todos nós achamos esse cara um maluco. Nossas opiniões não foram mudadas por qualquer coisa que ele disse. Pelo menos a minha não foi — acrescentou sarcasticamente.

— Pode continuar. Estou acompanhando.

— Mas ficamos intrigados. Como podíamos entender cada palavra de um homem que falava numa língua que não era a nossa? Em breve, esse mistério se tornará público, e, quando isso ocorrer, bem, eu não posso imaginar o que vai acontecer.

— Hanley falou a mesma coisa — cortou Bob.

Mary odiava ser interrompida. Isso quebrava a linha de raciocínio que ela tentava criar. Porém uma coisa estava ficando bem clara: ele estava levando a idéia de Hanley a sério. Ela poderia usar isso para conseguir o que queria.

— E ele está cem por cento com a razão. Você sabe disso e eu sei disso. É ridículo tentarmos enganar a nós mesmos. Mas essa não é a questão — considerou ela, tentando trazer a conversa de volta para onde ela queria.

— Aonde você quer chegar, Mary? O fato é que o homem é entendido por qualquer um que o escute. Eu gostaria de saber como ele faz isso. É alguma espécie de experiência paranormal? É Deus? É o demônio? Eu posso ouvir as perguntas agora.

O que Mary ouvia era um misto de frustração e medo na voz de Masterson. Ela o deixou continuar:

— Você mesma foi para o Brasil à caça dele. Você me mandou um relatório dizendo que quem o ouve vira um discípulo. Então, Mary, qual é exatamente a sua?

— A minha, Bob, é simples: depois de ouvir esse cara em seu escritório e aqui no Brasil, eu não virei um apóstolo dele. Nem você, nem Hanley, nem Martelli. Nem vinte por cento das pessoas pesquisadas.

— E daí? Eu, você, Martelli e Hanley. Quatro pessoas com interesses próprios para não acreditar em uma palavra que o cara diz.

Esse era o momento de Mary dar sua cartada. Ele estava pronto e ela também.

— Exatamente. Você matou a charada. Existe um jeito de combater esse cara. Eu sei que há. Ouça-me.

Masterson suspirou. Era um suspiro que podia ser ouvido através da ligação de oito mil quilômetros de distância.

— OK, vá em frente.

— Todo mundo é uma mala cheia de interesses. Ninguém gosta de admitir, mas nós somos. De uma maneira que desconheço, Almeida passa por cima dos interesses individuais. É como se por um breve momento esses interesses entrassem em curto-circuito, deixando Almeida passar. — Mary fez uma pausa, dando a Masterson uma chance de participar.

— OK, estou acompanhando.

— A pesquisa mostra que, para oitenta por cento das pessoas nos grupos, o curto-circuito aconteceu. Mas e os outros vinte por cento? — disse ela em tom provocador.

— Vinte por cento não é exatamente uma maioria absoluta, não é, Mary?

A voz de Masterson era puro sarcasmo. Mary decidiu ignorar o gracejo, dizendo-lhe que não importava qual era a porcentagem.

— O que importa é que essas pessoas, e eu nos incluo, bloquearam Almeida. E eu acho que descobri por quê. — Ela parou dramaticamente e continuou: — Preste bem atenção, eu fiz isso meio de improviso. Fiquei acordada a noite inteira comparando e examinando tudo cuidadosamente e fazendo anotações. E acho que temos o fio da meada que estamos procurando. E, mais importante ainda, estou encontrando um gancho para usar essa informação nos outros oitenta por cento.

Acima do ruído da ligação via satélite, Mary ouviu Masterson engolir em seco. Ele mordeu a isca, ela pensou.

— Explique — foi tudo que ele respondeu.

Então ela explicou.

— Você já percebeu, chefe: interesses, ou, como diria o Sr. Almeida, "apegos". Mas eu explicarei. Conforme eu escrevi, nossos grupos de pesquisa foram equilibrados para incluir todos os níveis sociais, econômicos e escolares do Brasil. Tenho certeza de que você sabe que este é um país de grandes contrastes. Ele tem uma pequena elite rica e instruída. Sua classe média está lutando para manter-se em pé e é dividida em classe média alta, média e baixa. Os brasileiros são muito conscientes sobre níveis sociais. Bem no final da linha você tem os pobres e os miseravelmente pobres, cuja pobreza é tão baixa que não pode ser medida.

Após fazer essa sucinta descrição da sociedade brasileira, Mary se considerou pronta para entregar a Masterson suas conclusões sobre Antônio Almeida.

— Depois de conferir os resultados, cheguei a uma conclusão interessante e descobri o que os vinte por cento têm em comum. Agora eu sei como quebrar o cara, mas há uma ressalva.

— E qual seria essa ressalva? Não! — corrigiu ele rapidamente. — Antes que você me conte o final, diga-me o resto. Ponha-me a par de tudo.

Mary, com muito gosto, obedeceu. Ela sabia que estava com o controle da situação.

— Eu sempre disse: procure os denominadores *incomuns* para separar as pessoas. Bem, desta vez eu tive que achar um denominador *comum*. E achei.

Ela disse a Masterson, em tons frios, que os vinte por cento eram compostos de indivíduos extremamente ricos e instruídos e de sujeitos miseravelmente pobres.

— Eu tenho um sentimento forte do que está acontecendo aqui — disse ela.

Mary explicou que ela nunca vira dois grupos de tamanha diferença reagir da mesma maneira a algo. Mas, acrescentou, ela sabia por quê.

— A elite dos instruídos vive num mundo isolado. Para eles a vida é boa. Eles são os "mestres do universo". Por que mudar? Por que arriscar? Por que desistir daquilo que eles têm? Para citar mais uma vez nosso amigo Almeida, são apegados, ou, como você percebeu, têm interesses próprios.

Mary esperou o efeito de suas palavras. Então continuou:

— Os miseravelmente pobres daqui são iguais aos nossos nos

Estados Unidos: eles não têm nada além de miséria, doença e ignorância. Eles têm medo de tudo. Eles também, de uma forma perversa, são enraizados em seu modo de vida. Eles temem mudanças e também têm seus interesses próprios.

Masterson, começando a entrever a luz fraca no fim do túnel, perguntou a Mary o que tudo aquilo significava.

— Medo, Bob. Tudo se resume ao medo. Os ultra-ricos têm medo quando Almeida fala "Desistam de tudo porque o que vocês têm não significa nada". Os miseravelmente pobres, bem, eles têm medo de quase tudo. Medo, Bob, é o denominador comum nesses dois grupos tão incomuns...

Mary então voltou ao assunto de Bill Hanley.

— A idéia dele não é "meia-sola" como parece. Imagine: você contra Almeida, mas com um porém: eu lhe dou as armas. Nós usaremos os sermões dele contra ele mesmo e assustaremos o mundo inteiro. Você vai representar os interesses, ou os "apegos" da sociedade. Almeida será o agitador, o revolucionário, o cara que quer mudar nosso modo de viver. O Sr. Almeida estará acabado, mesmo que ele seja Cristo retornando, ou a luz de Buda ou Maomé vindo da montanha. Almeida vai descobrir logo logo que está lidando com pessoas desta terra, e nós podemos fazê-los se apavorar com o que Antônio Almeida representa. Eu sei que posso consegui-lo, Bob. Eu nunca estive mais certa em toda a minha vida.

Masterson contou-lhe sobre o programa que iria ao ar na segunda-feira.

— Eu não mencionei Almeida, mas com certeza armei o circo contra ele.

— Não transmita esse programa. Nós temos que convencer Almeida a vir. Se eu fosse ele e visse aquele programa, eu não chegaria nem a mil quilômetros de você.

Masterson concordou e perguntou a ela quando voltaria para os Estados Unidos. Mary respondeu que tinha reserva saindo de São Paulo naquela noite e deveria estar de volta a Louisville no dia seguinte à tarde. Ela perguntou se poderia começar a trabalhar no programa de debates.

— Primeiro, Almeida tem que aceitar o convite. — Masterson riu e refletiu: — Acho que Bill Hanley é o cara indicado para convencê-lo. Vou ligar para ele agora.

Mary concordou e disse que precisava ter acesso a qualquer informação que Masterson tivesse ou que viesse a ter de Almeida, por menor que fosse.

— Com o que eu tenho mais o que você tem, acho que podemos detoná-lo — proclamou ela confiante e entusiasticamente.

— Eu tenho um monte de material que Hanley juntou para mim. Estou lendo desde ontem. Engraçado... Almeida não é tão convincente no papel. Você tem certeza de que essa é uma grande idéia, colocá-lo no ar?

Mary solenemente respondeu:

— Nós não temos muita escolha. Com ele perto de você, nós podemos derrubar qualquer coisa que ele diga. Mas, quando o milagre da língua for percebido, nós estaremos correndo atrás do prejuízo. Temos que acabar com ele bem depressa.

Masterson lembrou-se de uma coisa que Bill Hanley dissera poucos dias atrás. Ele a repetiu para Mary.

— Hanley disse quase a mesma coisa. Mas também disse que, se Almeida for real, não fará a menor diferença o que tentarmos fazer.

Mary riu e disse que discordava de Hanley.

— E daí? Se ele for mesmo real, fará uma grande diferença, sim. Lembra-se do que fizeram com aquele outro Jesus?

Masterson não riu. Disse-lhe para encontrar-se com ele no dia seguinte às sete da noite para começarem a planejar o grande duelo da televisão.

Capítulo 19

Primeiras horas da madrugada de domingo, em algum lugar sobre o Atlântico, ano 2015

HANLEY FAZ UMA VIAGEM

Separados por quilômetros e pela escuridão, dois aviões passaram um pelo outro sobre o Oceano Atlântico. Um ia para o norte, de São Paulo, Brasil para Miami, Estados Unidos. Mary Fried estava nesse avião, digitando em seu *laptop* sob a luz fraca de sua poltrona na primeira classe. Ela estava voltando para Louisville, onde assumiria o comando das tentativas de Bob Masterson para destruir Antônio Almeida.

No outro avião, indo ao sul, estava Bill Hanley saindo de Miami com destino a São Paulo. Ele tinha acabado de acertar seu relógio de pulso para o horário padrão brasileiro, que estava duas horas à frente de Louisville, onde era uma hora da madrugada de domingo. Ele chegaria a São Paulo em cinco horas, ou seja, às oito horas da manhã no horário local.

Ele sabia que Mary estava voando de volta para Louisville. Masterson informara-o sobre o relatório dela e como ela concordava com a idéia de que trazer Antônio Almeida até os estúdios da CCM em Kentucky seria a melhor e talvez única chance de acabar com essa ameaça. Hanley estava aliviado por Masterson ter cancelado o *Clube de Cristo* que iria ao ar na segunda-feira.

— Se aquele programa fosse transmitido, seria impossível convencer Almeida a vir para Louisville — dissera-lhe Masterson, como se a idéia toda de levar Antônio Almeida aos Estados Unidos fosse dele.

Hanley achava que não seria difícil levar Almeida. Ele se lembrou das fitas e dos olhos que penetravam as videocâmeras escondidas. Almeida sabia o tempo todo que estava sendo gravado.

"E ele sabe que estou voando oito mil quilômetros para vê-lo e sabe também por que eu estou indo", pensou Hanley enquanto fechava os olhos num esforço para conseguir um pouco de descanso.

Hanley pensou em Mary Fried, lá na escuridão, no avião voando ao norte. Ele sabia que sua mente febril estava traçando cada ângulo e desvio no drama que estava prestes a começar. Bill Hanley sabia que no final nenhum truque dela ou de Bob Masterson faria diferença, porque ele iria contar tudo a Almeida. Depois de assistir e ouvir a oito horas de vídeo, ele sabia quem era Antônio Almeida. E ele, Bill Hanley, iria entregar ao pregador brasileiro o maior palco eletrônico do mundo: a rede da CCM, cobrindo quase oitenta por cento do planeta.

O sono veio fácil para Bill Hanley enquanto o Boeing se dirigia a seu destino. O escritório brasileiro da CCM comunicou-lhe que Antônio Almeida estaria esperando por ele às duas da tarde, horário local. Hanley descansou. Ele sabia que o encontro seria bem-sucedido e que pela primeira vez em muitos anos ele estaria seguindo sua consciência, porque ele, o cético, o cínico, o agnóstico, finalmente encontrara algo em que acreditar.

O avião aterrissou no Aeroporto Internacional de Guarulhos exatamente às oito horas e cinco minutos. Após passar pela alfândega e pela Imigração, Hanley procurou por Emílio Araújo no terminal lotado.

Seus olhos captaram uma tabuleta branca, onde o nome "Hanley" tinha sido rabiscado. Ele caminhou até o homem que segurava a tabuleta e se apresentou.

— Oi, sou Araújo — respondeu o homem baixo e careca. — O Sr. Masterson disse-me que o senhor estava vindo. Está tudo arranjado. Eu pessoalmente vou levá-lo para seu hotel e depois vamos visitar o Sr. Almeida.

Araújo pegou a maleta de Hanley enquanto se encaminhavam para o estacionamento do aeroporto.

— Desculpe tê-lo tirado da cama tão cedo num domingo, mas nós resolvemos essa viagem na última hora.

— Sim, eu sei. O Sr. Masterson telefonou ontem e contou que o senhor viria para se encontrar com o Sr. Almeida. Ele não me falou muito mais do que isso.

Pela maneira que Araújo terminou a frase, Hanley deduziu que o gerente do escritório estava esperando uma explicação. Mas não haveria nenhuma.

Dirigiram-se para o hotel, preenchendo o tempo com uma conversa corriqueira. Depois de fazer o *check-in*, Hanley pediu o endereço de Antônio Almeida, dizendo que iria tomar um banho, comer alguma coisa e sair para seu encontro às duas.

Araújo protestou, dizendo que ele o levaria pessoalmente para ver Almeida.

— Eu não poderia deixá-lo ir desacompanhado — disse Araújo. — O Sr. Masterson jamais me perdoaria se eu o deixasse sozinho nesta cidade enorme.

Hanley cortou as objeções do gerente.

— Tenho certeza de que o hotel pode arranjar um motorista. Almeida fala inglês, e não sei quanto tempo vou demorar. Eu me sentiria melhor se fosse sozinho — afirmou, acrescentando com um sorriso: — Tenho certeza de que o senhor tem coisas melhores para fazer num domingo do que ser meu motorista.

Araújo, sem graça, deu a Hanley o endereço.

— Se o senhor mudar de idéia, escrevi o número do telefone de minha casa atrás.

— Manterei contato — mentiu Hanley.

Subindo no elevador para seu quarto no décimo-quinto andar, ele olhou para o relógio: eram quase onze horas da manhã. Logo ele estaria a caminho para ver Antônio Almeida.

Capítulo 20

Domingo, ano 2015

O ANÚNCIO

"Estai vós também apercebidos; porque, numa hora em que não penseis, virá o Filho do Homem."

Lucas 12:40

"Deixe-nos concordância com nosso próprio povo, e concordância com os que são estranhos para nós. Assim, Ashvins, cria entre nós e os estranhos uma unidade de orações."

Atharva Veda Samhita 7.52.1

A Missa Maior estava poeticamente rica graças ao ritual e ao simbolismo da Igreja Católica, e os bancos estavam ocupados por mais de quinhentos paroquianos e membros da elite social e política de Nova York. As seis câmeras de televisão transmitindo a missa eram discretas, assim como os repórteres que esperavam do lado de fora da igreja. Eles tinham sido avisados de que o arcebispo, o padre Jean e celebridades locais iriam desfilar diante de suas câmeras e canetas quando a missa terminasse.

Jean estava orgulhosamente sentado numa cadeira de espaldar alto à direita do altar observando seu rebanho composto pelos pobres, discriminados e esquecidos da América. Seus olhos percorriam sua igreja humilde, sabendo que o Espírito de Cristo estava lá.

Logo ele iria invocar esse espírito, porque, em alguns minutos, Jean faria o sermão que ele havia escrito, reescrito e ensaiado a semana toda. O padre não tinha certeza de qual seria a reação da congregação. Ele nem tinha certeza se pisaria naquela igreja novamente. A única certeza que ele tinha era de que aquele sermão teria de ser feito nesse dia.

— Lembre se disso, padre — avisou a voz invisível. — Hoje você vai preparar o caminho para ele. Ele está aqui e você precisa espalhar a boa notícia. Diga que ele não virá em carruagem de fogo, ele não andará através das nuvens com legiões de anjos. Diga-lhes que ele anda nesta terra como eles andam.

Seus pensamentos foram interrompidos pelo arcebispo, que, terminando seu próprio sermão, fez-lhe um sinal pedindo-lhe que subisse até o púlpito. O padre negro levantou-se de sua cadeira e foi aplaudido calorosamente por sua congregação. Mas ele não caminhou para o púlpito onde o arcebispo o esperava, e foi para o meio da fileira da comunhão, fazendo um sinal para a igreja lotada abafar seus aplausos.

— Bom dia e bem-vindos à Igreja de São Paulo. Hoje há muitos rostos conhecidos aqui, rostos que vejo semana após semana e mês após mês. Vocês — disse, gesticulando para a platéia mas olhando para as câmeras de televisão — são os paroquianos da Igreja de São Paulo.

E então, sorrindo para as câmeras, continuou:

— E bom dia, boa tarde ou boa noite para aqueles que estão no outro lado das câmeras, em suas casas, compartilhando conosco um momento muito especial num dia muito especial. Ao nosso novo Santo Padre em Roma, assistindo à nossa celebração, eu digo: seja bem-vindo à sua Igreja de São Paulo e que um dia Vossa Santidade possa andar por essas alas com o povo do Harlem.

Jean fez uma pausa e lentamente olhou ao redor da igreja. Ele respirou fundo e continuou:

— Sem sombra de dúvida, hoje é um dia extraordinário. Daqui a pouco vou compartilhar com vocês uma grande notícia. Tenho certeza de que alguns, se não muitos de vocês, vão achar essa notícia difícil de acreditar. E, quando terminar, muitos de vocês aqui e em casa vão achar que sou um herético, blasfemo ou louco. Quero dizer a vocês que eu não sou nada disso. Quando o dia de hoje chegar ao seu fim, serei exatamente o mesmo que era no começo deste dia: um padre de quarenta e cinco anos, que veio para a América vinte anos atrás para espalhar a palavra de Deus.

Murmúrios cheios de expectativa soavam pela igreja. Jean, esperando os sussurros cessarem, procurou rostos de paroquianos que ele conhecia bem. E nesses rostos ele encontrou o apoio de que precisava. Ele olhou para o arcebispo, que ainda estava no púlpito. No rosto dele também havia um sorriso, porém era um sorriso nervoso e ansioso. Jean, cheio de confiança, encarou diretamente o olho eletrônico da câmera de televisão e falou aos milhões de espectadores espalhados no mundo.

— Mas, antes da notícia, eu peço a vocês aqui e em casa que me acompanhem numa oração especial. É uma oração sem palavras, na qual não pedimos nada além de paz para nós mesmos.

O padre pediu a um dos coroinhas para trazer a cadeira que ele estava usando alguns minutos atrás e comentou que ele preferiria fazer essa oração sentado.

Até mesmo o arcebispo desceu e ocupou uma cadeira ao lado do altar.

Murmúrios excitados novamente se espalharam pela igreja.

— Nós vamos tentar uma coisa diferente — disse Jean acomodando-se em sua cadeira. — Fechem os olhos. Não façam nada. Não pensem em nada. Simplesmente ouçam e relaxem. Relaxem e respirem. Relaxem quando inspiram, inalando a energia da vida. Expirem e sintam o ar limpando seu corpo. Inalem e saibam que, sem essa energia, que chamamos de oxigênio, nossos corpos físicos morreriam.

O som de quinhentas pessoas respirando juntas ecoava suavemente pela igreja. Até ali as câmeras de televisão somente focalizavam o padre, mas nesse momento percorreram toda a igreja, transmitindo imagens de quinhentas pessoas com seus olhos fechados, respirando juntas. As câmeras voltaram a focalizar o arcebispo, que também estava silenciosamente inspirando e expirando.

O padre prosseguiu num tom de voz baixo e suave, levando a congregação um passo adiante na oração.

— Inspire e pense na pessoa sentada a seu lado. Pense na pessoa à sua frente e naquela atrás de você. Ele ou ela também está respirando, dividindo o mesmo ar, dividindo a mesma energia. Expire, e os pensamentos que você tem sobre essas pessoas vão se juntar aos pensamentos que elas têm sobre você. Respire fundo, sabendo que você está ligado a todos por essa energia de que precisamos para viver. Expire, sabendo que você está conectado a cada um através dos pensamentos que dividimos. Lentamente respirando, para dentro e para fora, veremos que somos um com o outro, ligados com aqueles que estão em casa e com os bilhões de espíritos vivendo neste planeta. Vocês estão unidos com o fazendeiro do interior, com o operário em Cingapura, com o engraxate em Caracas, com o banqueiro em Londres e com o órfão na China. Expire, e cada um é seu irmão. Cada uma é sua irmã. Cada um é você. Nós dividimos o mesmo ar, a mesma energia.

As câmeras de televisão, agora mostrando uma tomada geral da congregação, levaram para o mundo a imagem de quinhentas almas unidas em uma só. E essa imagem eletrônica carregava a voz de Jean, que levou os fiéis a um outro passo na oração.

— Inspire esta união. Nós somos um; negros, brancos, amarelos, vermelhos, ricos, pobres, humildes e poderosos. Nós somos ligados um com cada um, porque nós somos um com Deus.

A câmera ainda estava focalizada na congregação, que respirava um só pensamento: unidos em uma mente e um corpo.

O padre abriu seus olhos e os outros também abriram os seus. Instintivamente, cada pessoa virou para a pessoa que estava ao lado. E quando os olhos de uma pessoa encontravam os olhos da outra, sorriam.

Jean sorriu também. Ele estava orgulhoso de sua congregação, como um pai vendo seu filho marcar um gol num jogo de futebol.

— É por causa disto que ele está na Terra — disse ele em voz baixa para a igreja. — Ele voltou porque nos esquecemos de quem somos, de onde viemos e como somos ligados um com cada um.

Os olhos da paróquia estavam focalizados no padre, como também estavam os olhos eletrônicos das câmeras de televisão e os do arcebispo. Todos esperavam pelas próximas palavras. Ele tinha sua total atenção.

— O "ele" de que falo é Jesus. Ele voltou. Ele está aqui. Agora. Ele está vivendo nesta terra, neste exato momento. Ele está vivo. Ele não virá amanhã ou depois, ou no mês que vem, ou em alguma data no futuro. Ele está aqui. Eu o vi. Eu falei com ele. Eu vi a sua imagem. Eu ouvi a sua voz. Nisso vocês podem acreditar. Eu falo a verdade.

De repente a igreja foi tomada de todo tipo de emoção concebível. Surpresa, dúvida, excitação, descrença, alívio, ansiedade, antecipação. E Jean, agora, novamente em pé no meio da fileira de comunhão, era o foco dessas emoções. Ele esperou que a igreja se acalmasse.

As câmeras de televisão, rapidamente, mostravam a imagem do arcebispo nervoso e impotente, assistindo de sua cadeira aos acontecimentos que se desdobravam à sua frente.

O padre continuou, sua voz voando, alcançando cada canto da igreja lotada.

— Por que estão chocados? Por que estão surpresos? Foi porque eu o vi ou porque ele está aqui? No começo eu também fiquei chocado e com medo. E eu também estava cheio de dúvidas quando tive as primeiras visões e quando ouvi as vozes de seus mensageiros. Eu pensei que estivesse ficando louco, ou até pior: achei que as forças das trevas estavam tomando conta de mim.

— Hoje tenho certeza de que não sou louco e não estou sendo guiado pelas legiões da escuridão. Os mensageiros que ele enviou me levaram até a luz e até ele.

— Por favor, acreditem em mim — implorou Jean. — E, o mais importante, acreditem em vocês.

— Alguma vez vocês duvidaram que ele voltaria? — questionou. — Todo mundo sabe que, por causa do milênio, um monte de profetas e cultos malucos tem surgido. Mas foi o próprio Jesus quem prometeu sua volta, e todas as religiões terrestres ensinam que ele vai reaparecer, trazendo com ele uma Nova Era. Bem, meus amigos, a Nova Era é agora, e não há nada de novo no que estou falando. As profecias de um Salvador, Messias, Avatar e Divino Professor são encontradas em todas as crenças.

O padre deu uma olhada para o arcebispo, que, ainda sentado, balançou a cabeça em resignação. Jean virou seu rosto para as câmeras e para a congregação.

— No cristianismo, Deus fez de Jesus o mais velho de uma grande família de irmãos que estará conosco até o final da era. A Velha Era está terminando, a Nova Era está amanhecendo, e nosso irmão está conosco.

Jean estava inspirado, sua voz crescendo enquanto perguntava e respondia a suas próprias perguntas:

— Quem é esse novo Cristo? Seria o mesmo Jesus que há dois mil anos pregou que abandonássemos nossos desejos terrestres e ambições e o seguíssemos? Sim, é ele.

— Seria ele o mesmo Buda, o Bodhisattva que ensinou os homens a se desprenderem de seus próprios egos para encontrar a felicidade? Sim é ele — proclamou Jean diante das câmeras de televisão e do mundo.

— Seria ele o Imam Mahdi dos muçulmanos, o Mestre dos Mestres, o instrutor dos anjos, que alertou os homens sobre a batalha entre suas almas e o mundo material? Sim é ele.

E, finalmente, Jean perguntou:

— Seria ele Moisés, quem primeiro trouxe para esta esfera terrestre a mensagem de um criador supremo? Sim, é ele. E, repito, ele é o mais velho de uma grande família de irmãos — gritou o padre para o mundo ouvir. E com sua voz baixa e firme ele acrescentou: — E mais uma vez ele está aqui. Hoje. Vivendo nesta terra.

Os olhos do padre percorreram a congregação confusa. Ele sabia o que estavam pensando: "Aqui está nosso padre, nosso amigo, dizendo-nos que Jesus voltou. Será que ele enlouqueceu?"

Respondendo à questão não dita, Jean continuou:

— Não, eu não enlouqueci. — Com um sorriso acrescentou: — E eu não quero começar nenhum outro culto a Jesus. Deus sabe que já temos o bastante.

O som baixo de algumas tensas risadas veio dos bancos. O padre deu um largo sorriso e continuou.

— Vocês podem acreditar em mim ou não. Mas ouçam o que eu tenho para anunciar. O que vocês, eu e bilhões de almas pelo mundo todo estávamos esperando aconteceu. Jesus retornou à carne. Ele vive, anda, respira, fala e dorme exatamente como nós. Ele é o Filho do Homem, porque seu espírito encarnou como nós para mostrar como viver. Ele voltou a nós para mostrar-nos o caminho de casa.

Jean parou por alguns segundos. Ele sabia que talvez estivesse indo muito depressa, dizendo muita coisa muito rapidamente, mas ele não tinha escolha. A hora havia chegado, e com renovada determinação o padre voltou para o sermão.

— Qual é esse caminho? Bem, isso não cabe a mim responder. Ele dirá isso nos próximos dias. Eu sou apenas um mensageiro de sua chegada. Estou aqui para dizer que ele voltou, não numa carruagem de fogo, porque ele não precisa de uma, e não veio acompanhado de exércitos de anjos, porque ele não precisa de exércitos. Ele veio para falar com palavras que possamos entender. Ele veio para clarear as águas que foram poluídas pelas más interpretações, preconceitos e interesses próprios. Ele veio para conversar diretamente com vocês.

A cada respiração o padre sentia-se mais confiante. A cada palavra ele ficava mais forte e mais determinado para tocar cada pessoa que ouvia sua voz.

— Isto não é o fim do mundo. Não tenham medo. Não haverá nenhum holocausto, guerra, fome ou praga. Ele nunca disse que haveria. Mas teremos mudanças, não porque estamos no final dos tempos, mas porque estamos no final de uma era e uma Nova Era está lentamente começando. Ele voltou para ajudar a humanidade a entrar nessa Nova Era. Muito em breve vocês saberão dele. Alguns já sabem. Vocês o reconhecerão quando ouvirem sua voz, porque ele falará a seus corações.

O padre virou-se para o arcebispo.

— Vossa Eminência, eu sinto muito ter escolhido este dia e esta igreja para fazer este anúncio. Eu não tive nenhuma intenção de desrespeito. Sou católico nos quarenta e cinco anos que venho caminhando nesta terra. Mas agora acredito que Jesus não pertence a nenhuma religião, nenhum pastor, nenhum padre, nenhum país e nenhuma cultura. Ele é Moisés, Buda, Maomé e Krishna. Nós cristãos não temos o monopólio de seu nome, e, por falar nisso, seu nome atual é Antônio Almeida. Deus abençoe a todos. Jesus agora não só vive dentro de nós, ele agora vive entre nós e neste exato momento ele está vivendo em São Paulo, Brasil.

E, com isso, o padre Jean terminou seu sermão de domingo. Ele se virou e voltou para a sacristia, enquanto uma congregação silenciosa e chocada permaneceu sentada. A apresentação do coral da igreja, que estava programada, não aconteceu, e o arcebispo silenciosamente levantou-se de sua cadeira e seguiu o padre.

Do lado de fora, no caminhão de externa da televisão, o diretor de TV encerrou a transmissão ao vivo da igreja e retornou o controle da rede para o centro de operações, a mais ou menos trezentos quilômetros de distância, em Maryland. Seu assistente, recém-saído da faculdade, respirou fundo e disse:

— A imprensa terá um prato cheio com isso. Especialmente quando se tocarem do nome dele.

— O quê? — resmungou de volta o diretor.

— O padre, o cara que disse que Jesus estava aqui. Você sabe: o cara negro que acabamos de transmitir para o mundo todo...

— Não banque o espertalhão. Eu sei de quem você está falando. O que há com o nome dele?

— Jean-Baptiste. É francês e significa João Batista. Você sabe: o cara da Bíblia que viveu no deserto. Ele foi um profeta, e predisse a chegada de Jesus.

Capítulo 21

Mesmo domingo, ano 2015

O ÚLTIMO ENCONTRO

"Ponde-vos nos caminhos, e vede, e perguntai pelas veredas antigas, qual é o bom caminho, e andai por ele; e achareis descanso para as vossas almas."

Jeremias 6:16

"Eles são mais felizes para ver muitos caminhos diferentes do que se eles tivessem que ver todo mundo caminhando no mesmo caminho, porque desse nosso caminho eles vêem a grandeza de minha bondade mais completamente revelada."

Santa Catarina de Siena

Antônio começou a ligar para seus amigos mais íntimos no domingo de manhã, pedindo-lhes para ir ao galpão ao meio-dia.

— Tenho uma coisa importante para dizer e gostaria que você estivesse aqui — falou ele para cada uma das quinze pessoas.

Fernanda, temendo que algo tivesse acontecido, chegou uma hora antes do combinado. Quando o viu, perguntou o que estava acontecendo.

— Fernanda, vamos esperar todos chegar, assim não tenho que explicar e reexplicar quinze vezes a mesma coisa. Mas eu posso lhe adiantar isso: os acontecimentos estão correndo depressa agora, mas o que era para ser será. Nas próximas horas você saberá de tudo.

Estava chovendo em São Paulo, e, mesmo num domingo de manhã, o tráfego estava confuso. Antônio esperou até meio-dia e quinze, para que o último convidado chegasse. Seu nome era Tomás, um garoto de dezesseis anos de idade que tinha "adotado" Almeida como seu irmão mais velho. Antônio ficou lisonjeado e os dois se tornaram amigos durante o último ano e meio.

Almeida sentou-se no chão no meio de uma sala que muito tempo antes servira de depósito para rolamentos mas nestes últimos três anos fora sua sala de visitas. Os quinze estavam sentados ao seu redor, em cadeiras ou no chão com as pernas cruzadas.

— Há uma razão por que liguei para vocês. Não sei se vou ter muito tempo para falar com cada um nos próximos dias.

Suas palavras inundaram a sala, provocando ondas após ondas de ansiedade entre os amigos.

— Relaxem — disse ele sorrindo. — Nenhum imprevisto irá acontecer. Antes de encarnar eu sabia o que aconteceria, porém, diferentemente de vocês, eu me lembro de tudo. Acho que chegou a hora de falar sobre algumas das coisas que vão acontecer nos próximos dias. Os quinze olharam um para o outro e depois para Antônio, que ainda estava calmamente sentado no meio deles.

— Parece que você vai deixar a gente — falou abruptamente o garoto de dezesseis anos.

— De uma certa maneira eu vou, mas vocês sabem que sempre estarei por aí.

Fernanda começou a chorar.

— Já ouvi palavras assim, e todos nós sabemos o que aconteceu com aquele cara que as falou: ele foi crucificado. É isso que vai acontecer com você?

Ele sorriu e contou para o grupo que crucificação não estava mais na moda.

— Leva muito tempo, não existem marceneiros de confiança como antes e dá muita chance para discursos finais.

Ninguém riu, e, por causa disso, Almeida pediu ao grupo para relaxar um pouco.

— Desta vez não vai haver nenhum Monte Calvário.

— O que é isso, então? Um último encontro dos fiéis? Se for, onde está a comida? — gracejou Macedo, o ex-padre católico.

— Mais ou menos — respondeu Almeida —, mas vamos parar com essas referências bíblicas. Lembrem-se do que eu sempre falei: desta vez será igual e ao mesmo tempo diferente.

O jovem pregador perguntou as horas. Márcia, a médium espírita, disse que faltavam quinze para a uma. Almeida comentou que em Nova York seriam dez e quarenta e cinco, e acrescentou:

— Em mais ou menos meia hora, um padre católico em Nova York vai anunciar para o mundo que sou Jesus reencarnado na Terra.

No silêncio que o envolvia, Almeida continuou, informando que em pouco mais de uma hora a campainha do galpão iria tocar.

— Um americano vai querer falar comigo, e ele não sabe o que está acontecendo em Nova York. Ele veio para me convidar para ir aos Estados Unidos e aparecer num programa evangélico de televisão.

— Que programa? — perguntou Fernanda.

Antônio relatou para ela e o grupo que o programa seria o *Clube de Cristo* de Bob Masterson.

— Aquele homem é um fanático! Não vá, ele quer destruir você — alertou um dos amigos.

— É um truque, uma armação! — A voz era de Roberto, o monge budista. — Antônio, esse Masterson tem uma péssima reputação. Ele é um demagogo dos piores. Ele é poderoso e não está construindo só um império religioso, mas um império político também. Sua ambição é sem limites. Pense duas vezes antes de deixar seu mensageiro entrar aqui. Pense três vezes antes de aceitar o convite.

Antônio estava de pé nesse momento, olhando fixamente para seus amigos. Ele estendeu as mãos, com as palmas para baixo, pedindo silêncio.

— Eu irei. Estou na Terra por causa disso. Tudo se resume a escolhas.

O budista e os outros catorze amigos olharam para Almeida como se ele fosse de um outro planeta. Eles não tinham entendido nenhuma palavra que ele dissera.

Foi o garoto Tomás quem questionou Almeida, pedindo uma explicação de suas últimas palavras.

Antônio, calma e firmemente, respondeu a todos:

— Eu sempre disse: a vida na Terra é sobre escolhas. A encarnação aqui se resume ao uso do livre-arbítrio. Porém, para haver escolhas as pessoas precisam de opções. Eu preciso aceitar o convite desse Masterson porque ele está me dando a chance de falar, de uma só vez, com todos os espíritos encarnados neste planeta. Bob Masterson não é mau, mas ele representa uma escolha. Eu vim para mostrar que há outras opções, outros caminhos e estradas para seguir.

O grupo fixou a atenção em Almeida, ouvindo cada palavra e sentindo cada inflexão de sua voz. Enquanto o pregador caminhava vagarosamente pela sala, sua voz foi crescendo em paixão e em emoção:

— Eu sempre disse: eu sou quem vocês pensam que sou. Mas eu sou mais. Eu disse *n* vezes que não pertenço a nenhuma religião, a nenhuma fé, a nenhum credo, a nenhuma seita. Eu quero que as pessoas entendam isso e que elas vejam as infinitas possibilidades abertas à sua frente.

Antônio parou de andar e abriu a palma da mão esquerda.

— De um lado, Bob Masterson, o pastor evangélico da televisão. — E, abrindo a palma da mão direita, ele disse: — Do outro lado, eu, Antônio Almeida, o mensageiro da faixa crística para a Nova Era.

Por alguns instantes ele ficou ali parado, deixando o grupo olhar para suas duas palmas abertas.

— Pensem nisso por um minuto. Pensem nas opções abrindo-se para bilhões de pessoas que estarão assistindo ao debate. — Movendo o braço esquerdo, ele disse: — O cristianismo de Masterson prega que apenas aqueles que acreditam em Jesus serão salvos e todos os outros estão fora. — Almeida flexionou o braço direito. — Eu quero declarar às pessoas que ninguém está fora. Todas as pessoas estão incluídas porque Deus ama todos. Somos todos seus filhos.

O jovem pregador mexeu a mão esquerda novamente.

— Aqui temos Masterson dizendo: "Não confiem em seus próprios sentimentos e julgamentos; Satanás pode manipulá-los".

Almeida levantou a mão direita, dizendo ao grupo:

— Eu quero dizer ao mundo que sua mente e sua consciência são presentes de Deus. O livre-arbítrio é uma ferramenta para aprender, para crescer, para questionar e para experimentar. Eu direi ao mundo que cada um é responsável por sua própria salvação e que cada um é responsável por todas as pessoas ao seu redor.

Almeida continuou a martelar nas escolhas que ele queria dar aos espíritos encarnados na vibração terrestre. Ele explicou ao grupo que ele queria ajudar esses espíritos a entender que Deus não é lei nem mandamentos, dizendo: "Vocês não vão conhecer Deus por meio de leis ou mandamentos. Vocês o conhecerão amando a si mesmos e aos outros".

A voz de Antônio, cheia de paixão e fúria, encheu a sala quando proclamou:

— Quero acabar com essa noção de julgamento. Pessoas como Masterson dizem que é possível saber como Deus vai julgar, então somos capazes de julgar os outros. Eu digo que ninguém pode julgar ninguém, porque nenhuma pessoa sabe qual o carma que uma pessoa está vivendo. Se eu conseguir isso, as pessoas vão parar de se dividir em cima de suas diferenças e preconceitos. Eu quero que as pessoas se unam pelo que têm em comum: vocês são espíritos imortais criados por Deus, e Deus não julga nem recrimina.

Antônio baixou o tom de sua voz e num sussurro confidencial contou a seus amigos:

— Eu quero que o mundo finalmente entenda que eu não morri por seus pecados. Eu nunca vim para isso. Eu mostrarei ao mundo, de uma forma que eles finalmente vão entender, que minha morte e meu renascimento foram acontecimentos espirituais, os mesmos pelos quais vocês já passaram tantas vezes. Quero falar ao mundo sobre reencarnação, que é a maneira de Deus manter a ordem e o equilíbrio em sua criação. Muitos pensam que reencarnação é uma segunda chance de acertar as coisas. Eu mostrarei que reencarnação é mais que isso, é a oportunidade que Deus deu para aprender e crescer com todas as diferentes emoções e experiências encontradas na vibração terrestre.

Antônio sentou-se novamente no chão e olhando para os rostos de seus amigos falou:

— Eu rezo para ajudar as pessoas a superar essa obsessão com Jesus. Quero explicar que não sou o centro de nenhuma fé e que eles não têm que me aceitar cegamente para serem salvos. Eu vivi aqui dois mil anos atrás para ensinar. Eu vivi num corpo de carne e osso para mostrar que era possível deixar a matéria de lado e ver além dos egos, paixões e desejos, liberando-se dos apegos e ilusões materiais.

Quando Antônio estava terminando o discurso, a campainha tocou. Márcia, a médium espírita, olhou para o relógio e disse:

— Ele está um pouco atrasado.

Macedo, o ex-padre católico, brincou:

— O galo cantou três vezes.

Antônio Almeida, o mensageiro da Nova Era, riu e acrescentou:

— Eu já falei para parar com essas referências bíblicas. Elas estão me dando nos nervos.

Tomás, que foi abrir a porta, voltou para o grupo dizendo que um tal de Hanley queria ver Antônio.

— Vai nessa — disse o garoto a Almeida.

Capítulo 22

11h40 Nova York
13h40 São Paulo

REAÇÃO

"Vigiai, pois; porque não sabeis quando virá o senhor da casa; se à tarde, se à meia-noite, se ao cantar do galo, se pela manhã; para que, vindo de improviso, não vos ache dormindo. O que vos digo a vós, a todos o digo: vigiai."

Marcos 13:35–37

Quando a missa acabou, o padre Jean-Baptiste imediatamente deixou o altar, voltando para a sacristia. Atrás dele estava o arcebispo Carlton Farley. Jean-Baptiste já havia tirado a vestimenta verde e dourada sobre sua batina quando Farley, com o rosto vermelho de raiva, entrou, fechando e trancando a porta.

— Você tem alguma idéia do que fez? Como pôde? O que, em nome de Deus, está acontecendo? — gritou, assim que se assegurou de que estavam a sós.

Jean-Baptiste sabia que o arcebispo não poderia reagir de uma outra forma. Por causa disso o padre, alguns dias antes, fizera seus planos para largar a igreja que, além de seu lar físico, foi também seu lar espiritual nos últimos vinte e três anos. O padre entregou a Farley um envelope branco e disse:

— É meu pedido de demissão.

Farley olhou para o padre, seu *superstar* da periferia, e balançou a cabeça.

— Por que você fez isso? — repetiu.

Jean-Baptiste perguntou se o "porquê" se referia ao pedido de demissão ou ao sermão. O arcebispo respondeu veementemente:

— Por que você não veio falar comigo? Podíamos ter conversado sobre essa história de "Jesus está de volta". Eu também já tive várias crises de fé e, não tenho dúvida, poderia tê-lo ajudado. A igreja precisa tanto de você, mas você preferiu jogar tudo fora por causa de uma pessoa que nem mesmo conhece.

Em um tom calmo e pausado, Jean-Baptiste respondeu que não estava tendo alucinações, não estava em crise e não tinha jogado no lixo seu futuro por alguém que ele nem mesmo conhecia.

— Eu o conheci durante toda a minha vida. Assim como o senhor, Vossa Excelência Reverendíssima.

Um arcebispo exasperado que mal ouviu as palavras do padre explodiu:

— Você usou este dia, com câmeras e satélites transmitindo suas palavras para o mundo, para ridicularizar a igreja. Muito esperto. Por que não esperou o próximo domingo, se você está tão certo de que esse fulano é quem você pensa que é? Por que neste domingo, quando até o Santo Padre estava assistindo?

O padre disse ao arcebispo que ele mesmo tinha respondido suas próprias perguntas.

— Acho que não temos mais nada para falar — lamentou Jean-Baptiste. — Aqui está meu pedido de demissão. Preste bem atenção nos próximos dias. Em breve o senhor verá com seus próprios olhos que ele voltou. Deus vos abençoe.

— Aonde você vai? — perguntou o arcebispo Farley, desta vez preocupado.

Sem olhar para trás, e sem a batina preta da igreja, o negro respondeu:

— Encontrar Antônio Almeida.

Na saída, Jean-Baptiste teria de passar pela fila das câmeras de televisão, microfones de rádio e fotógrafos da imprensa, porém ele já esperava e ansiava por isso.

Conferindo seu relógio, ele viu que eram quinze para uma. Haviam passado somente quinze minutos desde que ele anunciara o Retorno.

13h00 Nova York
17h00 Vaticano

Quando a transmissão terminou, o recém-eleito papa João XXIV virou-se para os dois cardeais sentados à sua direita. Ele falou primeiro com Feliciano Paoletti, o diretor de Comunicações e Relações Públicas.

João queria saber onde a missa foi vista.

— Bem, Vossa Santidade — respondeu o italiano corpulento e grisalho —, a missa foi transmitida ao vivo para os Estados Unidos e Canadá. No entanto, devido às diferenças no fuso horário, o programa será atrasado duas horas na África. Ainda posso impedir a transmissão africana — reportou, pegando o telefone a seu lado.

— *Espeta!* — ordenou o papa. — Há tempo.

O papa virou-se para o cardeal americano Robert Donaldson. Alto e elegante, Donaldson estava sentado no sofá, visivelmente nervoso. Ele tinha certeza de que levaria a culpa pelo desastre que se desenrolou em Nova York.

"Assim que eu sair daqui", pensou, "vou telefonar para Farley e descobrir o que aconteceu com aquele padre maluco."

— Cardeal Donaldson, o que Vossa Eminência sabe a respeito desse padre Jean-Baptiste? — perguntou o papa com seu inglês impecável. Quando jovem, João XXIV passou alguns anos nos Estados Unidos, onde implantou essa mesma rede de televisão que acabara de transmitir o sermão de Jean-Baptiste.

— Vossa Santidade, sei que o padre Jean-Baptiste fez um trabalho louvável para a igreja em Nova York — respondeu Donaldson, achando que seria melhor falar o menos possível.

O papa arqueou suas sobrancelhas. Ele recriminou o cardeal, lembrando que, na semana anterior, Donaldson recomendou que Jean-Baptiste fosse elevado a bispo e transferido de volta à África, onde a igreja precisava desesperadamente de padres carismáticos como ele.

— Vossa Eminência deveria saber mais sobre ele — argumentou o papa — para ter recomendado sua elevação a bispo.

O cardeal Donaldson não retribuiu o olhar do pontífice,

simplesmente acrescentando que o arcebispo Farley, da arquidiocese de Nova York, estava orgulhoso do padre negro, e a indicação viera dele.

— Verdade? — foi tudo que o papa disse.

O diretor de Comunicações queria saber o que fazer com a retransmissão africana.

— Nada — foi a resposta do papa.

O cardeal Paoletti estava incrédulo e protestou vigorosamente contra a decisão do pontífice.

O jovem papa levantou a mão, cortando o cardeal.

— Paoletti, não estamos na Idade Média — disse João XXIV rindo. — A igreja não controla mais o que as pessoas vêem, ouvem ou lêem. Deixe-me contar o que está acontecendo nas redações de jornal do mundo.

Todos sabiam que João trabalhara nos vários departamentos de imprensa da Igreja Católica. Ele era considerado, até por profissionais de fora da igreja, como um produtor de televisão capaz e competente.

O cardeal Paoletti ouvia em silêncio enquanto o pontífice continuava com suas observações.

— Hoje é domingo. Os domingos são dias mortos para notícias. Neste instante, o que aconteceu em Nova York está sendo encarado como uma curiosidade, mas as equipes de plantão, entediadas, vão se atirar em cima disso porque têm que preencher seus noticiários. Nós não podemos impedir isso. Da mesma forma que não podemos impedir Jean-Baptiste de dar uma entrevista coletiva à imprensa — disse, dando uma olhada no relógio — nos degraus da própria Igreja de São Paulo.

O telefone tocou, interrompendo o papa. Paoletti atendeu, mas a chamada era para o cardeal Donaldson. Paoletti informou que era o arcebispo Farley na linha. Donaldson silenciosamente praguejou. O papa havia temporariamente esquecido que ele existia, mas agora, com esse telefonema, Farley chamara a atenção para o cardeal novamente.

Após uma conversa curta e brusca, o cardeal desligou. Ele comunicou que o padre Jean-Baptiste havia pedido demissão e naquele momento estava dando uma entrevista coletiva à imprensa "nos degraus da Igreja de São Paulo".

O papa esfregou as mãos e riu.

— Não falei para vocês? Como ficaríamos — disse ele a Paoletti — se, depois de promover essa missa na África durante semanas, nós a cancelássemos sem explicação? E não esqueçam que o continente inteiro vai saber, em questão de minutos, o que Jean-Baptiste falou. Essa entrevista coletiva à imprensa será editada em instantes, aí sobe para os satélites e é distribuída no mundo inteiro. Como eu digo: deixe rolar, pelo menos ninguém pode nos acusar de censura. Esse é o *Nosso* desejo — João XXIV propositadamente usou o *Nós* formal para grifar a ordem.

O cardeal Paoletti suspirou. Ele sabia que seria inútil argumentar com esse jovem papa.

— O que direi à imprensa? — perguntou derrotado.

O pontífice pôs a mão no queixo. Ele sabia que não podia contar a esses dois sobre seus sonhos e a certeza que tinha de que foi o próprio Espírito Santo que realizou sua surpreendente eleição a papa para que nesse exato momento ele estivesse sentado no trono de São Pedro.

Paoletti esperou sua decisão.

João XXIV sabia que, dentro de minutos, os telefones no escritório de imprensa de Paoletti iriam tocar, com repórteres querendo saber qual a reação do Vaticano aos acontecimentos do dia.

O pontífice sabia que o Vaticano teria de dizer algo. Um "sem comentários" não iria satisfazer ninguém. Um breve sorriso esboçou-se no rosto do Santo Padre, enquanto ele dizia ao cardeal o que fazer.

— Diga que o padre Jean-Baptiste entregou sua carta de demissão e essa demissão não foi processada. Oficialmente, Jean-Baptiste ainda é um padre da Igreja Católica Apostólica Romana e continua sendo, até que sua demissão seja finalizada dentro do curso normal dos procedimentos da igreja.

João XXIV tinha ciência de que "o curso normal dos procedimentos da igreja" poderia levar meses, se não anos. Paoletti e Donaldson também sabiam disso.

Paoletti, agora cauteloso, questionou as instruções do papa.

— Vossa Santidade, com o devido respeito, padre Jean-Baptiste usou esta igreja para anunciar a Segunda Vinda de Jesus Cristo. Ele nos embaraçou perante o mundo todo. Com certeza, há muito mais para ser dito.

João respondeu perguntando retoricamente a Paoletti o que ele faria:

— O que deveríamos fazer? Atacar sua credulidade? Renunciar a um homem que há apenas uma semana o cardeal Donaldson recomendara para ser bispo? Que tal dizer que ele é louco, que está sofrendo perturbações mentais?

Aquilo tinha sido um desafio. Mas nem o cardeal Paoletti nem Donaldson respondeu, e mais uma vez a palavra do jovem papa prevaleceu.

12h17 Nova York

Os repórteres entediados que esperavam fazer entrevistas obrigatórias e previsíveis com Jean-Baptiste, o arcebispo Farley e os políticos presentes à missa de aniversário estavam agora energizados. O instinto coletivo dizia que eles não mais estavam cobrindo uma reportagem corriqueira. Um padre católico proclamou do altar de uma igreja católica, para uma platéia internacional, que Jesus Cristo estava de volta, morando na América do Sul sob o nome de Antônio Almeida.

Jean-Baptiste, saindo da igreja pela porta lateral, andou até os repórteres como se estivesse dando um passeio de domingo. O primeiro jornalista que o viu era da rede ABC. O repórter, um rapaz alto, loiro, com vinte e sete anos de idade, tinha começado a trabalhar naquela semana.

Ele tinha sido indicado para cobrir as cerimônias daquela manhã porque, como dissera seu chefe de reportagem, "essa é uma história simples, bem apropriada para um novato". Agora, o novato via em Jean-Baptiste a chance de colocar uma reportagem no jornal nacional da rede. Nada mau para sua primeira semana na cidade grande.

Ele, seguido por sua equipe, foi o primeiro a alcançar Jean-

Baptiste, e, antes que seus rivais chegassem, lançou a primeira pergunta:

— Padre, o senhor poderia repetir para nossa câmera o que disse dentro da igreja?

Jean-Baptiste calmamente esperou os outros repórteres chegarem, arruinando os sonhos do jovem repórter de ter pelo menos uma resposta exclusiva. Vendo as câmeras posicionadas, o padre respondeu:

— O que tem sido profetizado aconteceu. Jesus retornou. Um mensageiro para a Nova Era chegou à Terra. Em poucos dias o mundo saberá que falo a verdade.

Uma tonelada de perguntas jorrou em cima do padre, mas ele manteve a calma, avisando os repórteres que responderia a todas as questões, mas teriam de ser feitas uma de cada vez.

Uma senhora da Televisão Católica cinicamente perguntou se ele estava sob tratamento médico, tomando algum tipo de remédio.

O padre sorriu, informando que, se remédio para sinusite contava, então ele estava tomando remédios.

— E posso assegurar à senhora que é só isso. Mas vou responder à pergunta por trás de sua pergunta. Eu não estou sob o efeito de qualquer tranqüilizante ou antidepressivo e não faço tratamento para nenhum tipo de problema emocional. Por que é tão difícil acreditar, ou pelo menos considerar, o que estou dizendo? O cristianismo não tem rezado por milhares de anos por este momento? Agora eu lhe pergunto: por que acha que estou tendo alucinações?

A senhora não respondeu, mas alguém de trás gritou:

— Padre, como o senhor sabe? Conte-nos por que o senhor tem tanta certeza.

Os repórteres ficaram em silêncio à espera da resposta.

Jean-Baptiste cuidadosamente elaborou sua resposta diante das câmeras.

— Eu sei porque me foi mostrado. Deram-me provas, e são provas que me satisfazem. Há mais ou menos seis meses eu comecei a ter o que chamam de experiências paranormais. Vozes e visões.

E essas vozes falavam que a hora havia chegado, que a Terra estava pronta para ouvir e que ele havia retornado.

Jean-Baptiste parou e olhou para os repórteres em volta anotando e gravando cada sílaba pronunciada. Antes de continuar, ele fez um sinal para a senhora da Televisão Católica e brincou:

— Sinutab não induz a experiências paranormais.

O grupo riu e ele continuou:

— Ele apareceu num sonho. Mas era um sonho tão real quanto este momento que estamos passando agora. Um sonho em que senti a sua presença com a minha, vivo, vibrante e presente. Ele disse que voltou para mostrar o caminho. Ele está aqui para explicar o inexplicado. Ele não veio para acabar com o mundo, mas para começar um novo.

Um editor religioso do *New York Times*, um dos poucos repórteres da imprensa escrita presentes, perguntou a ele se "em seu sonho o homem falou que era Jesus".

— Ele explicou que ele era quem pensávamos que ele era. Ele é um mensageiro de luz da mais alta vibração, a vibração de Jesus. Eu o entendi como sendo Jesus, mas um budista poderá entendê-lo como Buda, um hindu poderá conhecê-lo por Krishna. Faz sentido quando você pensa sobre isso um pouco.

O homem do *New York Times* soltou outra pergunta:

— Então você está pedindo ao mundo inteiro para acreditar em você, um simples padre católico, porque você ouve vozes e tem visões e sonhos?

O padre olhou nos olhos do repórter e disse:

— Por que você acha tão difícil de acreditar? É porque eu não sou um papa, bispo ou um rabino? Ou é porque você está com medo de que seja verdade e que o dia finalmente tenha chegado? Sim, eu estou pedindo a vocês para acreditar que não sou um africano louco. Mas vocês não precisam acreditar em mim. Em poucos dias todos saberão, porque ele contou que, quando ele falar, todos entenderão.

Numa questão de minutos, a entrevista do padre Jean-Baptiste, levada por impulsos eletrônicos no espaço, seria vista pelo mundo todo.

14h15 São Paulo, Brasil

Bill Hanley estava quinze minutos atrasado para o encontro com Antônio Almeida. Conferindo seu relógio, ele calculou que seria meio-dia e quinze nos Estados Unidos. Ele não sabia, mas dentro de uma hora e meia o pessoal de todas as redes de televisão do mundo estaria estacionado em frente ao galpão no qual ele iria entrar.

Capítulo 23

Mesmo domingo, São Paulo, ano 2015

A ENTREVISTA OUVIDA PELO MUNDO

Logo depois que as primeiras imagens do sermão de Jean-Baptiste e sua entrevista explodiram nos televisores do mundo, as maiores agências de notícias disputavam umas com as outras para descobrir onde estava Antônio Almeida.

Horários de satélite, caminhões de externa, *links* de microondas e canais de fibra óptica estavam sendo reservados enquanto São Paulo, Brasil, subitamente virou o centro do mundo.

De Atlanta, a CNN entrou em contato com sua filial brasileira, exigindo uma entrevista com Almeida dentro de uma hora.

De Nova York, a ABC, a CBS e a NBC colocaram sua força total e recursos mundiais em ação para encontrar Antônio Almeida.

De Londres, o serviço mundial da BBC foi inundado por telefonemas depois de exibir uma reportagem de quinze minutos sobre o padre Jean-Baptiste. A organização de notícias britânica também despachou ordens às suas tropas: encontrem Almeida.

A Reuters, a AP, a France Press e todas as outras grandes e pequenas organizações jornalísticas do mundo estavam chegando ao velho galpão alugado em São Paulo, onde naquele momento Almeida estava se encontrando com Bill Hanley.

— Eu sei por que você veio — adiantou Almeida a um cansado Bill Hanley. — Não há necessidade de entrar em detalhes. Eu aceito.

Tudo que Hanley podia fazer era sorrir.

— Pensei que teria que o convencer. Durante toda a viagem de avião eu ensaiei os argumentos que iria usar. Não pensei que seria tão fácil — disse Hanley rindo.

— Por que você teria que me convencer a fazer algo que já

está prestabelecido? — respondeu Almeida antes de perguntar a Hanley que horas eram.

— Três horas. Por quê?

— Bem, meu amigo, em poucos minutos nós vamos fazer história. Dê uma olhada na janela.

Do andar superior, Hanley olhou para a rua abaixo: não era mais uma rua deserta e vazia de domingo. As primeiras peruas de reportagem já estavam apontando seus pratos redondos para satélites invisíveis; homens e mulheres corriam ajeitando câmeras e luzes, enquanto outros puxavam quilômetros de cabos de fibra óptica, ligando essas câmeras com o mundo.

— O que está acontecendo?— perguntou um Hanley alarmado. Desde que descera do avião, e com as duas horas de fuso, ele não tinha contato com os Estados Unidos. Ele estava preocupado, imaginando que a atividade de baixo fosse o resultado de alguma coisa que Masterson pudesse ter armado.

Almeida colocou-o a par de tudo, contando que, duas horas antes, um padre do Harlem tinha contado ao mundo que ele, Antônio Almeida, era Jesus reencarnado.

— E você é? — perguntou Hanley sem emoção.

— Fique por aí e descubra. Agora, quando é que seu chefe quer me interrogar?

Hanley explicou que o programa estava previsto para ir ao ar quarta-feira à noite, às sete horas, horário de Nova York, e seria transmitido ao vivo de Louisville, Kentucky, para o mundo inteiro.

— Bem, o seu Masterson provavelmente já foi informado sobre os últimos acontecimentos de hoje. Sem nenhuma dúvida, está queimando linhas telefônicas por toda Louisville, tentando saber qual que é a do padre. Seu chefe gosta de saber tudo sobre todo mundo, não é verdade? Mas, dentro de mais ou menos trinta minutos, ele vai ter que dançar conforme a minha música. Como não quero que ele retire seu convite tão generoso, eu vou divulgá-lo para o mundo inteiro — acrescentou, sorrindo para a janela.

Hanley sorriu e entendeu. Almeida estava planejando dar uma entrevista coletiva à imprensa na qual anunciaria ter aceitado a oferta da CCM. Hanley sabia que o jovem iria dar um xeque-mate em seu chefe. Não haveria jeito de Masterson retirar o convite, uma vez que Almeida o tenha tornado público.

Enquanto esperavam os últimos carros de reportagem, Almeida perguntou a Hanley quem teve a idéia do debate.

— Eu — respondeu Hanley.

Almeida quis saber o motivo. Hanley confessou que, honestamente, não sabia por quê. Talvez fosse seu instinto profissional falando mais alto, ou era alguma coisa a mais.

— E o que poderia ser essa coisa a mais?

— Talvez eu ache que Jean-Baptiste esteja certo. Eu sei que Masterson está errado. Ignorei isso durante estes últimos vinte e poucos anos. Eu trabalhei, fiz algum dinheiro, me diverti. Mas eu assisti a todas as fitas que Masterson gravou de você... A propósito, você sabia que ele o estava gravando secretamente, não sabia?

Almeida balançou a cabeça em aprovação e fez sinal a Hanley para continuar.

— Bem, eu vi verdade naquelas fitas. E agora você terá uma chance de falar, ao mesmo tempo, com bilhões de pessoas.

— Então, que assim seja — disse Almeida encaminhando-se para a porta que os levaria para baixo. Ele pediu para Hanley acompanhá-lo, explicando:

— Você vem comigo. Vou apresentá-lo como o enviado de Bob Masterson.

Com Almeida na frente, os dois desceram as escadas e foram até a parte maior do galpão, onde estavam os amigos de Antônio. Almeida sorriu, pedindo que também fossem com eles.

— Vamos fazer isso juntos, todos nós. Depois de hoje seremos "*popstars*" — comentou Almeida, rindo. — Quem sabe o Sr. Hanley aqui possa até mesmo fazer um filme sobre nós.

Ele fez sinal para que o seguissem, enquanto abria as portas de aço cinza e caminhava para a rua.

— É ele! — Um vizinho apontou para os repórteres. — É Antônio!

A confusão começou: produtores dentro das peruas avisando outros produtores, nas sedes a milhares de quilômetros de distância, que Almeida apareceu.

— Parece um cara normal — disse um deles.

Essa opinião era compartilhada entre todos os repórteres, produtores e *cameramen* presentes.

— Por aqui! Por aqui! — gritou um repórter da CNN, gesticulando para a bateria de microfones, cada um com seu próprio logotipo colorido, colocados a alguns metros de Almeida.

CNN, ABC, CBS, Fox, Reuters, Televisa, BBC, SkyAsia, France Press, AP, Australia 7, Pan-Africa, as maiores redes de televisão brasileiras... todas com seus logotipos, orgulhosamente desenhados nos mais de trinta microfones enfileirados na frente do galpão.

Assim que Almeida se postou na frente dos microfones e câmeras, um repórter da CBS abriu a entrevista:

— Sr. Almeida, está ciente do que aconteceu hoje em Nova York? Algumas horas atrás, um padre católico, com o nome de Jean-Baptiste, declarou que você é Cristo reencarnado. Ele falou isso durante uma missa transmitida para o mundo todo. O que você tem a responder?

Almeida ignorou a pergunta e o repórter.

— Bem-vindos ao Brasil.

Quando ele começou, os tradutores simultâneos nas redações ao redor do mundo começaram a abrir suas bocas, prontos para traduzir do português para suas línguas nativas as palavras de Antônio Almeida.

— Estou feliz que tenham vindo. Eu sei que domingo é um dia de poucas notícias, porém nem eu achava que vocês fariam tudo isso — comentou, referindo-se ao equipamento de televisão que estava transmitindo a coletiva.

Nos Estados Unidos, os tradutores tomaram seus primeiros fôlegos, mas logo perceberam que estavam ouvindo o jovem pregador em inglês.

Na África, partes do continente ouviam a voz em inglês, outras em suaíle, árabe, holandês ou até mesmo nas centenas de dialetos falados no continente.

Ao vivo ou nas infinitas reprises dessa entrevista, as pessoas do mundo inteiro ouviram Antônio Almeida falar em sua própria língua.

— Chegou a hora, espíritos da Terra, de vocês entenderem quem são. Nos próximos dias, vocês conhecerão quem eu realmente sou, e, quando isso acontecer, vocês também conhecerão quem são vocês.

O mundo viu Almeida apresentar Bill Hanley, representante de um famoso tele-evangélico americano que convidou Antônio para ir a Louisville, Kentucky, onde seria entrevistado, ao vivo, num debate transmitido para o planeta inteiro.

O mundo ouviu Almeida agradecer ao evangélico Bob Masterson e avisar que, no programa de quarta-feira, "meu ser verdadeiro será conhecido".

Antônio não respondeu às perguntas dos repórteres, e falou diretamente para o gigantesco público do outro lado das câmeras, declarando que uma Nova Era estava rapidamente chegando e que ele viera a esta dimensão para ajudar o mundo a se preparar.

Muitas emissoras que não estavam transmitindo a entrevista ao vivo mudaram de idéia e interromperam suas programações. Durante os próximos dias, as palavras de Almeida seriam dissecadas, analisadas e avaliadas em cada canto do globo, e suas palavras "Eu vim não para mostrar um novo caminho, mas para explicar o velho caminho" seriam infinitamente repetidas durante a contagem regressiva para a transmissão de quarta-feira.

Quase uma hora se passou desde que Almeida começara a falar para as câmeras de televisão na frente do galpão. Durante essa hora, ele pediu para o mundo:

— Não tenham medo. Isto não é o Final dos Tempos, é o começo da Nova Era, uma era em que os espíritos humanos aprenderão a se unir em torno das coisas que têm em comum ao invés de se dividir por suas diferenças.

A voz de Antônio, ouvida ao vivo em todos os cinco continentes, relembrou aos espíritos terrestres que eles eram "imagens de seu criador e todos dividem o mesmo espírito com Deus". O jovem moreno falou sobre a justiça eterna da reencarnação, explicando que "não existe essa coisa de castigo eterno. Seu Pai é justo, e ele os ama" e "A morte é igual ao nascimento. É só uma questão de qual lado da porta você está".

— Mas chega por hoje — encerrou Antônio. — Como dizem na televisão, não percam na próxima quarta-feira o final eletrizante desta história — brincou.

Acenando para as câmeras e para a enorme multidão que havia se juntado nas ruas ao redor do galpão, ele, Hanley e seus amigos começaram a andar em direção à sua casa.

Pelo canto do olho, ele viu um casal com uma criança. Era Inês, Paulo e seu marido. Os três correram para Antônio, e Paulo abraçou a perna do pregador.

— Eu o vi na TV, e decidimos vir para cá — disse Inês. — Meu marido e eu queremos fazer algo por você. Esse americano, Bob Masterson, nós sabemos tudo sobre ele. Você tem que estar com seus amigos quando for para lá. Na terça-feira à noite haverá um avião no aeroporto esperando por você e — ela apontou para os amigos de Antônio — qualquer um que você quiser levar. O avião os levará diretamente para Louisville.

Com lágrimas nos olhos, ela declarou que, se Almeida não se importasse, ela, seu marido e Paulo gostariam de ir junto.

— Quando eu vim aqui naquele dia, você me falou que não havia necessidade nenhuma de um milagre. Bem — disse ela apertando a mão do marido —, você me deu um milagre. Nós, Ricardo e eu, estamos juntos outra vez. Nós três — falou, olhando para Paulo, que ainda estava abraçando a perna de Almeida — somos uma família agora. Obrigada.

Antônio, olhando para o casal, simplesmente respondeu:

— Inês, eu não fiz nenhum milagre. Você mesma fez. Vou aceitar sua oferta do avião, e, é claro, vocês irão conosco. Eu gostaria de ter meus amigos comigo.

Com isso, Antônio, com Inês, Hanley e todos os amigos presentes, entrou no galpão, enquanto os comentaristas, repórteres e editores espalhados pelo mundo resumiram para seus telespectadores os acontecimentos do dia.

Mas o que ficou gravado na mente de todos foram as últimas palavras de Antônio, entendidas no mundo inteiro, em toda e qualquer língua:

"Não percam na próxima quarta-feira o final eletrizante desta história."

Capítulo 24

Quarta-feira à noite, ano 2015, Planeta Terra

O CONFRONTO

"Deixe-nos ter concordância com nossa própria gente, e concordância com pessoas que são estranhas para nós. Crie entre nós e os estranhos uma unidade de corações."

Atharva Veda Samhita

"Os bens de Deus, que são além de todas as medidas, só podem ser guardados num coração vazio e solitário."

São João da Cruz

O mundo parou.

O mundo esperou.

O mundo olhou.

Na cidade de Nova York, pessoas davam "festas Almeida" em suas casas enquanto contavam os minutos para o início da transmissão histórica daquela noite. Do outro lado do mundo, no Japão, já era a manhã de um outro dia. Operários descansavam suas ferramentas e administradores desligavam seus computadores, juntando-se a amigos e colegas de trabalho na frente dos televisores. No Brasil, onde Almeida nasceu, as grandes lojas deixaram as televisões das vitrines ligadas durante a noite para que as pessoas voltando do trabalho não perdessem "O Show de Antônio". As ruas de toda a Europa estavam vazias enquanto famílias e amigos se reuniram para assistir ao que estava sendo chamado "O Debate do Milênio". E, na África, televisores ligados em geradores iluminavam os céus escuros de vilarejos remotos.

O planeta inteiro estava ligado no sinal de Louisville, de

onde, em questão de minutos, um tele-evangélico chamado Bob Masterson e um pregador chamado Antônio Almeida falariam para o mundo.

No estúdio em Louisville, tudo estava pronto. As câmeras estavam em posição e o exército de técnicos da CCM terminou os ajustes finais.

Bill Hanley traçou o visual do programa. Masterson e Almeida sentariam no centro do palco, lado a lado, em duas cadeiras bege. Eles estariam separados por uma mesa pequena com uma garrafa de água em cima.

O palco era escuro, exceto por dois focos de luz sobre cada um dos participantes. O visual era simples mas poderosamente dramático, focalizando a atenção na dupla.

Faltavam somente alguns minutos. Bob Masterson esperava, como um campeão de pesos-pesados antes de uma luta, no lado direito do palco. Ele nervosamente falava e brincava com a pesquisadora Mary Fried e com Phil Martelli, seu diretor financeiro. Martelli deu a Masterson um relatório sobre Jean-Baptiste, o padre africano. Ele instruiu Masterson:

— Use esta informação. O nome dele só bateu ontem. Nós já lidamos com esse cara antes.

Masterson passou os olhos no relatório e sorriu para seu diretor financeiro.

Durante a última hora a CCM mandou sinais de espera para todas as suas emissoras espalhadas no mundo, e no vazio escuro do espaço esses sinais foram retransmitidos entre centenas de satélites orbitando a Terra. De cada facho invisível de um satélite, outros fachos nasciam. O satélite que pertencia ao Vaticano captou o sinal de Louisville (o papa pessoalmente pedira permissão a Masterson), transmitindo-o para milhares de canais a cabo ao redor do planeta.

As seis maiores redes de televisão americanas também espalharam o sinal de Louisville pelo território americano, enquanto a CNN e a BBC mandavam o sinal para as suas afiliadas no mundo inteiro.

Na última hora, os sistemas Televisão Nacional Chinesa e All

India Broadcasting juntaram-se ao sinal de Louisville. Cada canto do planeta seria coberto pelo sinal da CCM, e não haveria lugar onde o debate não pudesse ser assistido.

O público já estava na platéia do estúdio. Masterson enchera o auditório com seus fanáticos fiéis. Almeida não fez nenhuma objeção, pedindo somente que trinta dos quatrocentos lugares fossem reservados para seus acompanhantes e que o padre Jean-Baptiste assistisse ao debate dos bastidores.

Neste momento, em lados opostos do palco, os dois homens esperavam. Masterson, com Mary e Martelli, recebeu o último resumo antes de entrar no ar.

— OK — disse Mary rapidamente. — Tenho os últimos resultados de minhas pesquisas. Foram feitas só nos Estados Unidos, mas tenho certeza de que devem bater com o que está acontecendo no resto do mundo.

Mary apressou-se em contar tudo, deixando Bob a par das últimas informações que ela tinha recebido, tabulado e analisado.

"Ela ainda não entendeu", pensou o evangélico enquanto Mary elaborava um perfil atualizado de Almeida.

— Aqui nos Estados Unidos, mais de noventa por cento das pessoas responderam que ouviram falar de Almeida, e, desses noventa por cento, quase cem por cento ouviram o próprio Almeida falar. Todo mundo sabe do "milagre da língua". Muitos estão assustados e todos querem uma explicação.

Masterson, exasperado, quase perdeu a paciência. Ele perguntou se alguma coisa era realmente nova e importante. Mary resmungou:

— Nada, nada mesmo.

— Foi o que pensei — retrucou o evangélico. — Em três minutos eu vou encarar uma platéia mundial de bilhões de pessoas, e, depois de tudo isso que você informou, continuo sem nada novo para falar.

Martelli lembrou-o do relatório sobre o padre. Masterson nem respondeu.

No outro lado do estúdio, Antônio Almeida estava com Jean-Baptiste.

— Este telegrama acabou de chegar — informou o padre. — É do papa.

Antônio pegou o pedaço de papel amarelo, leu-o, e um sorriso passou por seu rosto.

— Lembra-se de que falei para você que muitos foram chamados? Esse papa — disse Almeida batendo os dedos no telegrama — ouviu. Ele não interferiu, não usou seu poder na igreja para ferir a mim ou a você. Ele mandou as estações de rádio e de televisão do Vaticano exibirem este programa e, por intermédio de seus bispos, recomendou que todos os católicos o assistissem.

— Parece ser um selo de aprovação não oficial — comentou Jean-Baptiste. — Ele provavelmente não podia dar um aval declarado, porque com isso ele desencadearia uma guerra dentro da igreja.

— Antes que a noite acabe, você vai saber de uma outra pessoa que também foi chamada. Hoje à noite ele terá a última oportunidade de ouvir a voz que falou para sua alma — disse Almeida apontando para Masterson no outro lado do estúdio.

Jean-Baptiste se surpreendeu, e Antônio pôs um dedo nos lábios pedindo para o padre ficar calado, ouvir e esperar.

Bill Hanley, plantado na frente de quinze monitores de televisão, viu o relógio digital avisar que faltavam três minutos.

Em três minutos a rede de televisão CCM estaria formada, levando as imagens que ele selecionava do Estúdio 7, em Louisville, Kentucky, para o mundo.

Em três minutos, os espíritos encarnados neste planeta iriam decidir se eles tinham diante de si um messias ou um louco.

Hanley apertou o botão e falou ao microfone à sua frente:

— Srs. Masterson e Almeida, tomem seus lugares. Entraremos no ar em dois minutos.

Sua voz inflamou o já estratosférico grau de tensão e antecipação que enchia o estúdio.

Os dois ainda não tinham se encontrado. Masterson, andando em direção à sua cadeira à esquerda de Almeida, avaliou o jovem. Chegando juntos ao centro do palco, Bob olhou nos olhos de Almeida e confessou:

— Não fiz nada durante as últimas duas semanas a não ser tentar decifrá-lo, e sinto que não estou mais perto da verdade do que estava quando comecei.

Almeida estendeu a mão para Masterson, que também ofereceu a sua, acrescentando:

— Bem-vindo a Louisville. Acredito que teremos uma noite interessante pela frente.

Almeida retornou o sorriso de Masterson sem dizer nada.

Masterson estava impecavelmente vestido num terno azul-marinho, camisa azul-clara e gravata de seda vermelha. Ele parecia como sempre pareceu: um homem que falava com Deus durante a noite e com banqueiros de Wall Street e políticos durante o dia.

Almeida, por outro lado, parecia um *hippie* moderno: calça bege, camisa azul de jeans e sapatos de camurça marrom-claros. Antes de sentar, ele passou as mãos em seus cabelos escuros, numa tentativa frustrada de deixá-los alinhados. Antônio, certamente, não parecia que falava com políticos ou banqueiros, e, sendo vinte anos mais moço do que Masterson, também não parecia o tipo que passava suas noites falando com Deus.

Da sala de controle no andar superior, Hanley calmamente avisou Masterson, Almeida e todos no Estúdio 7 que dentro de trinta segundos estariam no ar, com um público estimado em oito bilhões de pessoas.

VINTE SEGUNDOS: Masterson revisou seus comentários de abertura.

QUINZE SEGUNDOS: Bob, olhando para Almeida, pensou: "Como é que esse cara pode ser quem dizem que é? Ele parece um voluntário do Greenpeace que acabou de voltar da Austrália."

DEZ SEGUNDOS: Masterson se endireita na cadeira, olha para a câmera 3 e veste seu tão bem ensaiado e tão eficiente sorriso de televisão.

CINCO SEGUNDOS: Um locutor anuncia:

— E agora, senhoras e senhores, direto do Estúdio 7 da CCM, em Louisville, Kentucky, com vocês... Bob Masterson.

O tom da locução era casual, assim como Bob Masterson, que, sorrindo para a câmera, abriu o programa:

— Olá. Alguns de vocês já me conhecem, e, para aqueles que não, gostaria de me apresentar: meu nome é Bob Masterson. Mais de trinta anos atrás, Deus falou comigo e me mandou espalhar a sua palavra e a de seu filho Jesus. Com sua ajuda eu criei a Cruzada Cristã Mundial, CCM. Sou seu fundador e presidente. Também apresento o *Clube de Cristo* um programa evangélico de entrevistas, exibido diariamente em nossa rede CCM. Acabaram de me informar que nosso sinal está sendo visto em todo o mundo, nos Estados Unidos, Canadá, Europa, África, Ásia, China, Rússia, América do Sul e Austrália. Então, para vocês que estão vendo a CCM pela primeira vez, dou-lhes as minhas boas-vindas e meus agradecimentos.

O tele-evangélico virou-se para a câmera 4, que ele sabia estar focalizando de perto seu rosto. Com austeridade na voz, anunciou:

— Dentro de alguns instantes vou apresentar-lhes o Sr. Antônio Almeida, do Brasil. Nestes últimos dias, todos nós ouvimos falar muito dele. Algumas pessoas estão proclamando que ele é o Cristo que voltou. — Masterson parou por um segundo e acrescentou: — É o que veremos. Porém todos sabemos que, quando ele fala, todos entendem, e não importa a língua que a pessoa fala. Esse fenômeno está sendo chamado de "milagre da língua". — Novamente ele parou para respirar, depois acrescentou: — Nós vamos ver isso também.

Por meio de um pequeno fone de ouvido, Masterson pôde ouvir as palavras de encorajamento de Mary Fried nos bastidores:

— Até aqui, tudo bem. Continue pegando leve.

Masterson deu um leve sorriso, enquanto continuava a conversar com o mundo.

— Poucos dias atrás, antes de explodir toda esta onda em torno do Sr. Almeida, eu decidi entrar em contato com ele. E convidei-o para vir aqui a fim de que pudéssemos descobrir mais sobre ele. Ele é mesmo o que algumas pessoas estão dizendo? Ou ele é, conforme a Bíblia preveniu, um dos falsos profetas que viriam nos dias finais para espalhar falsidades e mentiras?

Masterson colocou na mesinha à sua frente as fichas que

estava lendo. Então olhou para Antônio e, com um sorriso largo, declarou:

— Mas acho que a melhor maneira de começar o programa é simplesmente fazer a pergunta que está na boca do mundo inteiro: "Como você faz aquilo? Como você pode falar e ser entendido por todo mundo?"

O auditório lotado, em sua maior parte por freqüentadores assíduos de Masterson, aplaudiu a pergunta. Antônio ignorou o auditório e olhou para a câmera 2, que Hanley explicara que seria sua câmera principal.

— Não se preocupe com nada — informara Hanley durante a viagem para Louisville. — Garanto que jamais darei um enquadramento de câmera ruim.

Almeida, seu rosto enchendo as telas de televisão ao redor do mundo, declarou simplesmente:

— Eu não faço nada.

Masterson esperava mais. O mundo também.

Masterson fez um sinal com a cabeça, tentando arrancar algo mais de Almeida.

Antônio apenas olhou para a platéia e repetiu:

— Eu não faço nada.

Bob Masterson esticou a mão, tocando no braço de Almeida, e afirmou que aquela resposta não era suficiente.

— Você acha que pode se livrar dessa simplesmente dizendo "Eu não faço nada"? Sua habilidade de ser entendido por todos no planeta conquistou nossa imaginação. Sua habilidade tocou nossas esperanças e ao mesmo tempo, também, mexeu com nossos medos. Veja bem, Antônio, você é um homem de vinte e nove anos de idade, de quem até alguns dias ninguém ouvira falar antes. Domingo passado, um padre qualquer do Harlem falou para o mundo que você é Jesus Cristo, e poucas horas depois você dá uma entrevista e o mundo inteiro entende toda e qualquer palavra de sua boca. Você não pode se livrar com um simples "Eu não faço nada". Desculpe, mas isso não vai colar!

Masterson estava no ataque, pressionando um Almeida aparentemente evasivo.

Em seu fone de ouvido, Bob ouviu Mary dizer que ele estava marcando gols.

Mas ele não contava com uma coisa: Antônio não viajara oito mil quilômetros para debater com Masterson. Ele veio para revelar ao mundo, de um único lugar e de uma única vez, quem ele era e por que estava na Terra. Almeida não iria entrar no jogo de Masterson, e em pouco tempo o evangélico iria descobrir isso.

— Sua pergunta implica que uso mágica ou algum poder sinistro. Seu tom de voz implica que eu altero o curso natural das coisas. Na verdade, é o contrário: eu uso a lei natural. Portanto, eu não faço nada; o universo faz tudo.

Antes que Masterson pudesse interromper, Almeida levantou sua mão, cortando o tele-evangélico. O jovem pregador continuou explicando o que queria dizer "nada".

— Do outro lado do véu que vocês chamam "vida" há uma outra "vida", e essa vida é o mundo espiritual, que é o lar natural de vocês, é de onde todos nós viemos. Nesse mundo não há fala, nem palavras, nem vocabulário. Os espíritos se comunicam por meio de vibrações de pensamento.

— Mas na vibração terrestre vocês estão encarnados em corpos físicos que têm uma mente, e essa mente precisa de palavras ou símbolos para se comunicar. Além disso, a mente é uma ferramenta da personalidade terrestre. Portanto eu não falo para suas mentes, falo para o espírito eterno, dando um curto-circuito na personalidade encarnada.

— Agora vocês sabem por que todos me entendem. Pensem por um segundo nisto. Não é uma prova inegável que somos um? De que somos todos iguais, apesar de todas as nossas diferenças externas? Não é esta a prova de que vocês fazem parte de alguma coisa muito maior do que vocês?

— Eu falo a língua universal. E uso essa língua para ensinar a verdade universal. Eu vim para mostrar essa verdade a vocês. Como eu disse, é realmente muito simples: eu não faço nada.

De sua posição nos bastidores, Mary Fried sussurrou ao microfone que levava sua voz para o aparelhinho quase invisível no ouvido direito de Masterson:

— Pergunte como podemos saber que não é um truque. Pergunte como podemos ter certeza de que ele não é Satanás. Como podemos ter certeza de que ele não é um anticristo. Faça essas perguntas, Bob! Marque um gol!

Enquanto Masterson sutilmente balançava sua cabeça demonstrando que entendera as instruções, Hanley por sua vez percebeu um discreto sinal de Almeida e cortou para uma câmera mostrando Almeida retirando o aparelho da orelha direita de Masterson.

— Eu não acho que vamos precisar de perguntas quem vêm dos bastidores, Sr. Masterson. Mas vou responder à pergunta — disse ele apontando para o pequeno fone de ouvido — antes mesmo de você perguntar.

Um embaraçado Bob Masterson ficou estático enquanto Antônio repetia palavra por palavra a pergunta feita por Mary Fried.

— Não há truques, não faço feitiços nem crio ilusões. Podem ter certeza de que não sou um falso profeta nem um anticristo. Leia sua Bíblia de novo, Sr. Masterson, porque não usei essa Bíblia para lucros ou ganhos pessoais. E nunca usei as palavras daquele livro para assustar, enganar ou manipular pessoas. Para dizer a verdade, eu fiz o oposto. Eu disse inúmeras vezes: "Acreditem e confiem em vocês mesmos". Eu imagino — ele parou e olhou diretamente para Masterson — que isso deve irritar algumas pessoas. E, como você está tão determinado a me associar a ele, vou falar um pouco desse tal anticristo.

Ignorando Masterson, que estava confuso e sem rumo, o jovem pregador falou apaixonadamente para as câmeras de televisão:

— O anticristo é tudo que Cristo não é. Quando você vive no ódio, ao invés de viver no amor, você está adorando e alimentando o anticristo. Quando você é tentado pelo mundo ao seu redor: sua riqueza, seu poder, seu status... você caminha com o anticristo.

— O anticristo não é uma pessoa ou um indivíduo. O anticristo é o mundo material; Cristo é o mundo espiritual. Cristo é a verdade; o mundo material é a ilusão. Quando vocês entenderem isso, estarão no caminho para descobrir quem vocês realmente são. O anticristo existe por causa disso. É impossível comparar verdade com verdade. Você só pode comparar a verdade com a mentira. A riqueza, o poder e as ilusões de seu mundo material existem para que vocês tenham as opções para escolher.

Almeida virou-se para Masterson, devolveu-lhe o fone de ouvido e, olhando por cima dos ombros do evangélico em direção aos bastidores, avisou que aceitava perguntas de onde viessem, mas achava que a platéia tinha o direito de saber o que estava acontecendo. Então, olhando diretamente para Masterson, avisou:

— Eu sei muito bem por que fui convidado esta noite. Você queria que eu caísse em sua armadilha. Isso não vai acontecer, porque desta vez será diferente daquela outra.

Masterson nervosamente pôs o aparelhinho no lugar e rapidamente acrescentou que ele também estava procurando a verdade. O evangélico veio com uma outra pergunta.

— Qual o seu relacionamento com Jean-Baptiste, o padre católico que, no domingo passado, começou toda essa confusão ao afirmar que você era a reencarnação de Jesus Cristo?

Almeida demorou para responder:

— Meu relacionamento com Jean-Baptiste é o mesmo que tenho com você e com todo mundo. A única diferença é que o padre ouviu. Só isso.

Masterson achou melhor não levar o assunto adiante. Ele tinha um pressentimento de que Almeida iria jogar as informações de Martelli contra ele. Ele percebeu que errara ao subestimar aquele jovem, por isso decidiu fazer a grande pergunta:

— Então, se você não é o anticristo, quem é você? Você é Jesus que retornou? Domingo passado o padre Jean-Baptiste disse ao mundo que você era. Ele estava certo?

Por alguns instantes, o mundo inteiro ficou em silêncio. Bilhões de pessoas sentadas em frente a seus televisores aguardavam esperançosamente a resposta.

No Japão, onde era de manhã e Almeida era ouvido em japonês, eles esperavam.

Na China, onde eles assistiam durante o café da manhã ou

no almoço, dependendo do fuso horário, velhos e jovens aguardavam sua resposta.

Na América do Norte, as cidades movimentadas estavam quietas enquanto o povo assistia.

Na América do Sul, crianças, pais e avós esperavam.

Na África, dos vilarejos tribais até as cidades modernas, pessoas olhavam umas para as outras e para as suas telas, sabendo que dentro de poucos segundos suas vidas estariam mudadas para sempre.

E, na Europa, nações e pessoas estavam unidas na espera.

A platéia em Louisville também estava silenciosa. Eles não eram mais os fanáticos de Masterson. Eles eram seres humanos que, com seus oito bilhões de irmãos e irmãs, aguardavam a resposta de Antônio Almeida.

Os segundos passavam lentamente. As câmeras de Bill Hanley focalizavam Almeida. Ele estava pronto. Ele sorriu e falou:

— É claro que esta não é a primeira vez que essa pergunta é feita. Até agora tenho respondido "Eu sou quem vocês pensam que sou". E é verdade. Se as pessoas pensam que sou Jesus, então eu sou. Se alguém me vê como Buda, Moisés ou Krishna, então eu sou. Para o Sr. Masterson — ele deu um largo sorriso olhando na direção do evangélico — eu era até o anticristo.

Em um gesto calculado, Almeida olhou diretamente na lente da câmera e para o mundo. Do outro lado da lente, o mundo olhava de volta para ele.

— Eu não posso, e não quero, controlar o que acontece em seus corações ou mentes. Não vou me aproveitar de seus medos, ansiedades e inseguranças para manipular suas emoções e suas vidas. Estou aqui para liberar vocês dos medos, ansiedades e inseguranças. Eu vim para devolver vocês a vocês mesmos.

Almeida piscou para a câmera. Ele sabia o que estava acontecendo nos lares, fábricas e escritórios no mundo. Ele sabia que as pessoas estavam dizendo "Ele ainda não respondeu à pergunta". Almeida pediu paciência, prometendo que contaria a eles quem exatamente ele era.

— Mas primeiro tenho que esclarecer algumas coisas.

— Como o quê? — interveio Bob Masterson.

— Como o que Jesus realmente era.

A platéia do estúdio suspirava na expectativa. Oito bilhões de almas espalhadas na vibração terrestre estavam presas a cada palavra.

— Para começo de conversa, Jesus é o mais perfeito espírito da luz. Ele encarnou na Terra para mostrar o caminho. Ele viveu entre os homens desta vibração para dar um exemplo. Ele é o Grande Mestre e encarnou como homem para mostrar ao homem como viver como homem. Ele era, verdadeiramente, o Filho do Homem, mostrando que era possível superar todas as tentações, vaidades e vibrações negativas do plano terrestre.

— Mas ele não foi um juiz. Ele mesmo disse: "Eu não vim para julgar o mundo, mas para salvar o mundo". Ele veio para mostrar a vocês o caminho de casa.

— Ele não morreu pelos pecados do homem, porque não há pecados, apenas dívidas cármicas, e ninguém pode pagar essas dívidas por vocês.

— Finalmente, Jesus foi o maior médium que já existiu. Ele viveu completamente em dois mundos diferentes: encarnado na Terra e na mais leve e mais alta vibração do mundo espiritual. Ele era uma ponte entre esses dois mundos. Como acham que ele fez todos aqueles peixes caírem na rede? — acrescentou brincando.

Masterson levantou sua mão e ousadamente explicou a Almeida que na Bíblia Jesus especificamente disse que ele era o caminho e que só aqueles que o seguissem encontrariam a vida eterna e a salvação.

Antônio deu um tapinha na mão de Masterson, como um professor confortando um aluno com dificuldade. Ele perguntou a Masterson se ele conhecia alguém que verdadeiramente seguia o que Jesus ensinava.

— Jesus disse aos espíritos terrestres para se libertarem de si mesmos, de suas ilusões, desejos e necessidades. E que, quando conseguissem isso, eles seriam salvos de si mesmos. Esse é o caminho do qual Jesus falou, e é isso que venho dizendo: não ouça o externo, ouça o interno. Sigam Cristo e não o mundo de *glamour* ao seu redor. Quando ele proclamou "Eu sou o caminho", ele estava convocando os espíritos encarnados a seguirem seu exemplo e não a seguirem o mundo.

Almeida olhou incisivamente para Masterson, arremessando suas palavras no tele-evangélico.

— Mas ele nunca falou "Atirem-se no chão, aceitem-me como seu salvador pessoal e tudo ficará bem". Ele nunca ensinou isso porque a salvação não é tão fácil assim. A salvação requer mais do que palavras, mais do que orações e mais do que rituais elaborados. O desenvolvimento do espírito vem por meio de ações, pensamentos e realizações. E — enfatizou — ele nunca pregou que aqueles que não acreditavam nele seriam punidos eternamente. Isso eu posso garantir.

Um Masterson sarcástico, tentando se recuperar, lembrou Almeida que ele ainda não tinha respondido à pergunta "Quem é você?"

Pelo aparelhinho, Mary parabenizou o evangélico:

— Você está dando a volta por cima!

Masterson ignorou-a.

Uma voz na platéia gritou:

— É isso mesmo, Almeida! Diga. Nós merecemos saber. O mundo inteiro está esperando.

Aquele espectador resumiu tudo que a platéia e o mundo queriam dizer.

Antônio percebeu a frustração e disse que eles iriam saber quem ele era.

— Só que, em vez de falar, eu vou mostrar.

"Eles estão prontos", pensou Almeida.

Ele se levantou da cadeira e caminhou para o auditório. Ele antecipara a Hanley tudo que iria acontecer, por isso o diretor estava com suas câmeras a postos. Em sua cadeira, Bob Masterson observava apreensivamente enquanto Almeida, no centro do palco, conversava com o auditório:

— Eu falei que Jesus era um médium, uma espécie de ponte entre a vibração terrestre e todas as vibrações e freqüências da criação. Bem, eu também sou. Eu também ando entre este e todos os níveis de vibração. Eu vou usar esta habilidade para mostrar a vocês exatamente quem sou.

Almeida apontou para o fundo do palco. Ele fez questão de lembrar que estavam no estúdio de Bob Masterson, usando os recursos de Bob Masterson.

— Eu acho que ninguém o acusaria de estar me ajudando, não é, Bob?

Masterson riu. O auditório também. Antônio pediu ao mundo inteiro para prestar atenção no que iria acontecer.

— Eu falei da luz mais pura e da vibração mais alta. Não posso mostrar para vocês essa luz em sua forma mais pura, porque seus sentidos humanos ficariam sobrecarregados. Mas o que vocês vão ver dará alguma idéia da beleza e da harmonia que está ao seu redor. Vou dar a vocês uma amostra do que os espera quando vocês passarem para o outro lado.

Um redemoinho de cores cercou o jovem e lentamente as cores se misturaram numa pulsante aura branca de energia pura.

— Eu sou quem vocês pensam que sou — declarou ele, enquanto uma parte da aura branca lentamente se separou do todo. — Eu sou o Buda do Oriente, que veio para mostrar o caminho da luz e da verdade interior. Assim como Jesus, eu ensinei a este mundo as lições do carma e da reencarnação.

O campo de energia ganhou a forma real e tridimensional de um jovem e sorridente Buda.

— Eu sou quem vocês pensam que sou — declarou novamente Antônio, enquanto uma outra parte do glorioso campo de força branco se separou e tomou um lugar ao lado de Buda. — Eu sou Moisés, que trouxe para esta vibração terrestre os dez esclarecimentos de Deus. Os espíritos que ensinei estavam começando seu processo de evolução. Eles necessitavam de orientações estritas para achar seu caminho.

Moisés, com uma barba branca ondulante, emergiu da intensa nuvem branca de ectoplasma.

— Eu sou quem vocês pensam que sou — repetiu Almeida enquanto o deus hindu Krishna aparecia de uma outra bola de luz. — Eu encarnei para mostrar a harmonia e a beleza da criação. Eu também ensinei a procurar a força divina que está dentro de cada um de vocês.

Ao redor do mundo as pessoas assistiam em silêncio às transfigurações manifestadas em suas telas de televisão. Instintivamente todos sabiam que o que estavam vendo era verdade e que Antônio Almeida era tudo que eles pensavam, e muito mais.

No Estúdio 7, os olhos de Bob Masterson encheram-se de lágrimas. Ele também sabia que as manifestações eram reais e sabia que Antônio era mesmo Jesus retornado.

— Eu sou quem vocês pensam que sou. — O familiar refrão de Almeida foi ouvido novamente. Um jovem de pele morena emergiu do mais novo campo de energia. — Eu sou Maomé e sei como minhas palavras têm sido mal usadas e mal compreendidas. A Guerra Santa do Corão não é uma guerra de nação contra nação, mas é uma guerra interna da alma, uma guerra da luz contra o mundo.

— Eu sou quem vocês pensam que sou — proferiu Antônio pela última vez, enquanto um homem de cabelos castanhos e compridos vestido com um manto branco apareceu do último campo do ectoplasma brilhante. — Eu sou Jesus. Eu voltei para esclarecer o que está tão mal entendido. Eu voltei para ensinar a vocês novamente que somos um com o outro, porque todos nós somos filhos de Deus.

As câmeras de TV agora mostravam os cinco campos distintos de energia voltando para a aura branca que pulsava cercando o corpo de Antônio Almeida. Mais uma vez o redemoinho de cores vibrantes e vivas circulou ao redor dele. Quando as cores se desvaneceram, Almeida sorriu e disse:

— Aposto que nem Houdini poderia fazer melhor que isso.

Não houve resposta da platéia.

Bob Masterson foi o primeiro a falar:

— Eu nunca vi nada igual em toda a minha vida. Eu posso garantir que o que aconteceu aqui foi real. Nenhuma projeção dos bastidores, espelhos ou efeitos eletrônicos especiais foram usados. Eu estava sentado a apenas alguns metros de distância e eu sei o que vi.

Antônio, agora sentado, explicou que havia muito mais do que haviam visto.

— Vocês viram cinco luzes. Cada uma encarnou nesta terra em épocas diferentes e cada uma foi enviada para ensinar culturas diferentes. Pensem sobre isso e vocês entenderão que de onde viemos não existe religião. Religião não significa nada no outro lado do véu que vocês chamam de morte. E, na Nova Era que vem vindo, religião não significará nada na Terra.

— Não haverá nenhum judeu, nenhum católico, nenhum protestante, nenhum muçulmano, nenhum hindu, nenhum budista. Nenhum cristão. Os rótulos que hoje dividem vocês, derreterão.

De repente, o som de três tiros irrompeu do auditório. Na platéia, Phil Martelli estava em pé, empunhando uma pistola semi-automática. Três balas partiram em direção a seu alvo: Antônio Almeida.

Tudo aconteceu numa fração de segundo: primeiro o som dos tiros, o grito da platéia. Depois, num curtíssimo espaço de tempo, silêncio. E assombro. As três balas estavam paradas, suspensas no ar e no tempo, a alguns centímetros de Antônio.

Masterson, boquiaberto, estava tomado de incredulidade.

— Meu Deus, o que está acontecendo aqui? — E, olhando para Almeida, ele gritou: — Eu não tive nada a ver com isso, juro por tudo que é sagrado.

O jovem pregador, seu corpo apenas alguns centímetros na frente das três balas, calmamente disse a Masterson que acreditava nele. E, olhando para os três pequenos mísseis, ele sorriu e debochou:

— Ainda não está na hora. Tenho mais coisas para falar.

— É um milagre! — gritou alguém do auditório.

Um coral de améns e aleluias emergiu da platéia. Antônio esperou o público se acalmar. Ainda em pé, em frente às três balas, ele explicou que o que tinha acontecido não era realmente um milagre.

— Milagres não podem ser explicados. Isto aqui eu posso explicar. Mas, antes, eu tenho uma pergunta para o pistoleiro.

Phil Martelli já estava preso no chão pelos seguranças da CCM. Antônio pediu aos três agentes robustos para deixá-lo ir.

— Ele não vai a lugar algum — acrescentou.

Um Martelli atordoado, em pé e cercado pelos seguranças, esperou pela pergunta de Almeida.

— Por quê? — foi tudo que Antônio falou.

Hanley tinha suas câmeras concentradas tanto em Martelli como em Almeida. Ele agora focalizava bem de perto o rosto de Martelli. Seus olhos varreram o chão enquanto sua voz tremia de medo quando ele começou a responder.

— Estou pensando em fazer isso desde o dia em que Masterson mostrou sua fita para nós. Não havia nenhum outro jeito, eu não tinha escolha. Com você por aí, não haveria lugar e razão para tudo isto, para mim, para a CCM. Nós nos tornaríamos inúteis. A organização não conseguiria sobreviver se as pessoas acreditassem em você. Por que eles mandariam doações para manter toda esta operação em pé? Por que se importariam com o que Bob Masterson tinha para dizer se o artigo real e genuíno estava por aqui? Não iríamos agüentar nem por seis meses. Eu sei, eu sou o diretor financeiro. Eu tentei matar você para salvar este lugar.

Hanley mudou o foco para Bob Masterson, que sentado respondeu a Martelli:

— Phil, eu também sei disso. Mas... eu sonhei com este homem — confessou. — Naqueles sonhos eu fiquei sabendo quem ele era, mas eu ignorei. Eu entrei na de Mary, achando que poderíamos driblá-lo. Mas não dava. — Ele sorriu e, olhando para Almeida, acrescentou: — Você não pode driblar a verdade. Ela tem o hábito de vir à tona mais cedo ou mais tarde.

As três balas permaneciam suspensas na frente de Almeida, que tinha Masterson à sua esquerda e Martelli à sua direita. Até aquele momento ele ficou ouvindo Martelli e Masterson sem interromper. Então ele falou, não para Martelli, nem para Masterson, mas para o mundo:

— Medo. Foi por causa do medo que este homem disparou os tiros. Medo de perder o que tinha, medo de perder seu emprego, seu status. Medo de perder dinheiro.

Almeida suspirou e, pela primeira vez, denotou-se cansaço em sua voz.

— Foram feitas algumas citações bíblicas esta noite — lembrou ele, olhando para Masterson. — Eu gostaria de fazer algumas também. Afinal eu tenho algum conhecimento do que está na Bíblia, especialmente o Novo Testamento — brincou. — Lembram quando falei que é mais fácil um camelo passar pelo buraco de uma agulha do que um homem rico entrar no céu? Todos acharam que tenho alguma coisa contra o dinheiro. Bem, não há nada errado com o dinheiro. O dinheiro evoluiu nesta vibração porque as pessoas tiveram que fixar valores nas coisas.

— Não há nada de errado com isso. Como não há nada de errado com um carro de luxo, férias no Caribe ou roupas caras. Nada de errado mesmo. O que causa problemas para o espírito são os apegos. Os espíritos encarnados ficam tão presos à riqueza, ao status ou ao poder que seu Deus é o material e não o espiritual. É por causa disso que um homem apegado às coisas materiais não pode ir para uma vibração mais alta. Ao final das contas, ele se acorrentou a si mesmo, incapaz de ir para a frente e incapaz de desenvolver seu espírito.

Almeida caminhou em direção a Martelli. Ele fez um sinal para que os três seguranças que seguravam o diretor financeiro da CCM se afastassem.

— Meu irmão — disse Almeida, tocando gentilmente o braço do homem —, você foi levado ao assassinato por causa de seu apego ao trabalho, ao status e ao dinheiro. Você está disposto a acabar com a minha vida por causa de suas correntes.

Martelli não disse nada, mas olhava desafiadoramente nos olhos do jovem pregador brasileiro. Antônio ignorou-o e caminhou até Masterson.

— O Sr. Masterson fundou a CCM trinta anos atrás. Seu objetivo não era espalhar a palavra de Deus. O Sr. Masterson queria fama, poder e dinheiro. Ele me convidou esta noite para me destruir. Ele gravou secretamente minhas pregações no Brasil e mandou o Sr. Martelli e — pegando o aparelho de ouvido novamente — a Srta. Fried fuçarem a minha vida, tentando achar um jeito de me sujar.

Masterson, com a cabeça baixa, resmungou, concordando.

— Ele também — Almeida apontou para Masterson — estava apegado. Não só ao dinheiro, não só à fama, mas aos sonhos do poder. Ele queria ser uma eminência parda em nível mundial, e sua ambição propulsionou a ambição da Srta. Fried e do Sr. Martelli.

Uma voz vinda da platéia gritou alguma coisa sobre as balas, lembrando Almeida que ele havia prometido uma explicação sobre o tal milagre.

— Poucos minutos atrás, três balas foram disparadas da pistola semi-automática de Martelli contra mim. Todo mundo, no auditório e em casa, ouviu o som dos tiros. De repente, como se congeladas no espaço, as três balas pararam. Elas ainda estão suspensas, para todos verem.

— Tudo tem a ver com o tempo — continuou ele, casualmente. — Na Terra vocês estão acostumados a ver o tempo como uma linha reta, com vocês no meio dessa linha e os acontecimentos ocorrendo antes e depois.

Almeida desenhou um círculo no ar e pediu à platéia para imaginar o tempo como um círculo, ao invés de uma linha.

— Agora, coloquem-se no centro do círculo do tempo: acontecimentos ocorrem ao redor de vocês, todos ao mesmo tempo. É diferente de uma linha, onde as coisas acontecem em seqüência.

— No círculo do tempo, nada vem antes e nada vem depois. É assim que o tempo realmente é. Não há nada antes e nada depois. É tudo igual.

Bob Masterson, olhando para as balas, confessou que não tinha entendido.

— Eu sei que é difícil acompanhar — respondeu Antônio —, mas é assim mesmo. Não se esqueçam de que também sou um médium. Eu vivo em todas as dimensões. Eu simplesmente mudei a maneira como vocês viram a minha morte dentro do círculo do tempo. Eu alterei um ponto de referência, mas não mudei a conseqüência. A morte virá em breve.

A platéia chocada ficou apreensiva, com todos esperando pelo que o jovem pregador diria em seguida.

Almeida, posicionado entre Martelli e Masterson, estava parado na frente das três balas. Pelo que parecia uma eternidade, Antônio olhou para os dois homens. Finalmente, ele perguntou a Masterson:

— Quem você acha que sou?

— Eu não acho. Eu sei — foi a resposta de Masterson. — Você é quem você diz que é. Estou feliz que tenha podido usar estes estúdios e satélites para conversar com o mundo. Por todos esses anos, eu realmente fui um manipulador inescrupuloso, usando e distorcendo a religião para ganhar dinheiro e poder.

Masterson continuou, dizendo que Martelli estava certo, que toda a organização provavelmente iria fechar e que, de qualquer maneira, não havia mais necessidade da CCM.

Almeida olhou para Masterson explicando que nada acontecia por acaso ou por acidente.

— Estava previsto que você teria este canal, que você conseguiria todos esses recursos. Se isso não fosse verdade, não teria acontecido.

O tele-evangélico olhou longa e duramente para o jovem.

— O que você quer de mim?

Deixando Masterson de lado por um momento, Almeida virou-se para Martelli e também perguntou quem ele pensava que Almeida era. Martelli respondeu com amargura:

— Você é um bruxo, uma fraude, provavelmente o próprio demônio. Não acreditem numa palavra do que ele diz — gritou ele para o mundo.

Almeida voltou sua atenção para Masterson.

— As fitas — Almeida lembrou Masterson. — Exiba as fitas que Bill Hanley editou. Mostre-as várias vezes. Eu dei outras fitas a ele; algumas que eu mesmo fiz. Elas falam da vida, da morte, de escolhas e decisões que vocês, nesta esfera, encaram dia e noite. Ele sabe o que fazer. Faça cópias dessas fitas e ofereça-as para quem as quiser. Desta vez meu testamento não será escrito por outros, porque foi falado por mim mesmo.

O mensageiro disse ao mundo que seu tempo nesta vibração estava terminando.

— Haverá grandes mudanças nos próximos anos. A Terra

progrediu e não será mais um mundo de sofrimentos e expiações. Ela está se preparando para se tornar um mundo de uma vibração mais alta.

— É claro que nem todos que vivem aqui agora estarão sintonizados com a nova vibração. Mas há outros lugares na criação para onde eles podem ir, porque há um lugar para todos na mansão de meu pai. A Terra vai mudar fisicamente também, porque não terá que sustentar tanta gente.

Masterson interveio:

— Fogo, enchentes, terremotos... o quê?

— Não se preocupem com isso, porque no final das contas você e cada espírito desta vibração retornará ao criador. Isso é tão certo quanto o nascer do sol de amanhã. É o plano. É assim que deve ser.

Bill Hanley, da sala de controle, não se conteve e perguntou a Almeida:

— Por que você tem que morrer agora, quando o mundo finalmente sabe quem você é? Você não pode ficar mais um pouco?

— Eu preciso morrer pela mesma razão que morri da última vez. Eu tenho que mostrar a vocês, e desta vez será gravado, que não existe essa coisa chamada morte, porque vou conquistar a morte na frente do mundo todo.

Dito isso, as três balas, que até aquele momento estavam paradas no ar, retomaram sua veloz trajetória em direção a seu alvo. Uma delas atravessou o lado esquerdo de seu corpo, outra penetrou no lado direito e a terceira cortou o plexo solar.

O corpo despencou no chão do estúdio, o sangue escorrendo livremente. Entretanto Almeida continuava ali em pé, exatamente no mesmo lugar em que seu corpo jazia morto.

— Esse foi meu corpo e esse foi meu sangue. Eu sou o espírito. Eu vivo. Vocês também. Para todo o sempre, uma vida sem fim. Peguem meu corpo físico e queimem-no. Ele não significa nada. Guardem na memória este corpo, meu corpo místico, porque ele é aquele que vive para sempre.

Enquanto o corpo espiritual lentamente desaparecia para uma outra dimensão, sua voz lembrava ao mundo:

— Isto que vocês estão vendo agora acontece todos os dias. É chamado morte: a passagem desta vida para a outra. E há também uma outra passagem que acontece todos os dias, chamada nascimento. Os dois são um e iguais. Vivam suas vidas na Terra com isso em suas mentes.

Bob Masterson instruiu sua equipe para exibir e reexibir o programa a noite inteira em rodízio com as três fitas de Hanley. No Brasil, Almeida tinha dado a Hanley inúmeras outras fitas que ele mesmo tinha feito. Estas também foram passados durante os dias e noites seguintes.

O padre Jean-Baptiste foi chamado para o Vaticano, onde ele, juntamente com o papa João XXIV, trabalhou com líderes religiosos do mundo inteiro com o objetivo de, no prazo de um ano, unir todas as seitas, religiões, credos e fés da Terra numa só.

Mary Fried deixou a CCM, mas ela não tinha para onde ir. Sua habilidade em "dividir e conquistar" foi ficando cada vez menos requisitada à medida que os meses passavam. Líderes e partidos políticos pareciam estar menos interessados em ser reeleitos e mais interessados em resolver os problemas da fome, educação e direitos humanos.

Bill Hanley permaneceu com a CCM, que passou a chamar-se RTNE – Rede de Televisão da Nova Era. Ele produzia e dirigia programas de televisão que tratavam da nova espiritualidade que estava tomando conta do mundo. Um de seus projetos favoritos foi um filme sobre Antônio Almeida e seus quinze amigos brasileiros.

Phil Martelli, julgado e condenado pelo assassinato de Almeida, foi ironicamente um dos primeiros beneficiados da nova espiritualidade. Os Estados Unidos suspenderam a pena de morte em todo o território nacional. Martelli e outros ex-condenados do corredor da morte estavam agora sob os cuidados de monges budistas. Esses monges viviam na prisão com os presos. Sabendo que "todos nós estamos ligados uns com os outros", os monges e autoridades penitenciárias decidiram que era hora de tratar a alma de um criminoso em vez de "trancá-lo e jogar as chaves fora".

Fernanda teve seu bebê, e Inês, com seu marido, continuou cuidando de Paulo.

E Bob Masterson?

Bem, ele continuou fazendo sua especialidade: reunindo-se com políticos e banqueiros de Wall Street. Mas a conversa agora era outra. Ele estava tentando convencer esses políticos a derrubar todas as barreiras econômicas, sociais e culturais que existiam nos Estados Unidos e em todos os países do mundo.

— Nós todos estamos vivendo juntos neste mundo — exortava Bob.

Ele persuadia os banqueiros a encontrar caminhos para distribuir a riqueza do mundo de uma maneira mais justa.

— Falem com suas corporações. Digam-lhes que não vamos precisar de um novo modelo de carro. Precisamos de estradas, de escolas e empregos. A humanidade só poderá progredir quando todos nós repartirmos as riquezas que este mundo tem para oferecer. É realmente um só mundo.

E é claro que Masterson continuou com seu programa diário de entrevistas, desta vez espalhando a mensagem de Antônio sobre responsabilidade pessoal, escolha e unidade.

A Nova Era havia chegado.

Sucessos de ZIBIA GASPARETTO

Crônicas e romances mediúnicos.

Retratos de vidas nos caminhos da eternidade.

Mais de quatro milhões de exemplares vendidos.

• Crônicas: Silveira Sampaio
PARE DE SOFRER
O MUNDO EM QUE EU VIVO
BATE-PAPO COM O ALÉM
• Crônicas: Zibia Gasparetto
CONVERSANDO CONTIGO!

• Autores diversos
PEDAÇOS DO COTIDIANO
VOLTAS QUE A VIDA DÁ

• Romances: Lucius
O AMOR VENCEU
O AMOR VENCEU *(em edição ilustrada)*
O MORRO DAS ILUSÕES
ENTRE O AMOR E A GUERRA
O MATUTO
O FIO DO DESTINO
LAÇOS ETERNOS
ESPINHOS DO TEMPO
ESMERALDA
QUANDO A VIDA ESCOLHE
SOMOS TODOS INOCENTES
PELAS PORTAS DO CORAÇÃO
A VERDADE DE CADA UM
SEM MEDO DE VIVER
O ADVOGADO DE DEUS
QUANDO CHEGA A HORA

Sucessos de LUIZ ANTONIO GASPARETTO

Estes livros irão mudar sua vida!

Dentro de uma visão espiritualista moderna, estes livros irão ensiná-lo a produzir um padrão de vida superior ao que você tem, atraindo prosperidade, paz interior e aprendendo acima de tudo como é fácil ser feliz.

ATITUDE
SE LIGUE EM VOCÊ *(adulto)*
SE LIGUE EM VOCÊ - nº 1, 2 e 3 *(infantil)*
A VAIDADE DA LOLITA *(infantil)*
ESSENCIAL *(livro de bolso com frases para auto-ajuda)*
FAÇA DAR CERTO
GASPARETTO *(biografia mediúnica)*
CALUNGA - "Um dedinho de prosa"
CALUNGA - Tudo pelo melhor
CALUNGA - Fique com a luz...
PROSPERIDADE PROFISSIONAL
CONSERTO PARA UMA ALMA SÓ *(poesias metafísicas)*

série CONVERSANDO COM VOCÊ:
(Kit contendo livro e fita k7)
1- Higiene Mental
2- Pensamentos Negativos
3- Ser Feliz
4- Liberdade e Poder

série AMPLITUDE:
1- Você está onde se põe
2- Você é seu carro
3- A vida lhe trata como você se trata
4- A coragem de se ver

OUTROS AUTORES

Conheça nossos lançamentos que oferecem a você as chaves para abrir as portas do sucesso, em todas as fases de sua vida.

LOUSANNE DE LUCCA:

• ALFABETIZAÇÃO AFETIVA

MARIA APARECIDA MARTINS:

• PRIMEIRA LIÇÃO

"*Uma cartilha metafísica*"

VALCAPELLI:

• AMOR SEM CRISE

VALCAPELLI e GASPARETTO:

• METAFÍSICA DA SAÚDE:

vol.1 (sistemas respiratório e digestivo)

ELISA MASSELLI:

• QUANDO O PASSADO NÃO PASSA

• NADA FICA SEM RESPOSTA

RICKY MEDEIROS

• A PASSAGEM

• QUANDO ELE VOLTAR

LUIZ ANTONIO GASPARETTO

Fitas K7 gravadas em estúdio, especialmente para você!
Uma série de dicas para a sua felicidade.

- PROSPERIDADE:

Aprenda a usar as leis da prosperidade.
Desenvolva o pensamento positivo corretamente.
Descubra como obter o sucesso que é seu por direito divino, em todos os aspectos de sua vida.

- TUDO ESTÁ CERTO!

Humor, música e conhecimento em busca do sentido da vida.
Alegria, descontração e poesia na compreensão de que tudo é justo e Deus não erra.

- série VIAGEM INTERIOR (1, 2 e 3):

Através de exercícios de meditação mergulhe dentro de você e descubra a força da sua essência espiritual e da sabedoria.
Experimente e verá como você pode desfrutar de saúde, paz e felicidade desde agora.

- TOULOUSE LAUTREC:

Depoimento mediúnico de Toulouse Lautrec, através do médium Luiz Antonio Gasparetto, em entrevista a Zita Bressani, diretora da TV Cultura (SP).

• série PRONTO SOCORRO:
Aprenda a lidar melhor com as suas emoções, para conquistar um maior domínio interior.
1. Confrontando o desespero
2. Confrontando as grandes perdas
3. Confrontando a depressão
4. Confrontando o fracasso
5. Confrontando o medo
6. Confrontando a solidão
7. Confrontando as críticas
8. Confrontando a ansiedade
9. Confrontando a vergonha
10. Confrontando a desilusão

• série CALUNGA:
A visão de um espírito, sobre a interligação de dois mundos, abordando temas da vida cotidiana.
1. Tá tudo bão!
2. "Se mexa"
3. Gostar de gostar
4. Prece da solução
5. Semeando a boa vontade
6. Meditação para uma vida melhor

• série PALESTRA
1- A verdadeira arte de ser forte
2- A conquista da luz
3- Pra ter tudo fácil
4- Prosperidade profissional (1)
5- Prosperidade profissional (2)
6- A eternidade de fato
7- A força da palavra
8- Armadilhas do coração
9- Se deixe em paz
10- Se refaça
11- O teu melhor te protege
12- Altos e baixos
13- Sem medo de errar
14- Praticando o poder da luz em família
15- O poder de escolha

PALESTRAS GRAVADAS AO VIVO:

• série PAPOS, TRANSAS & SACAÇÕES

1- Paz emocional

2- Paz social

3- Paz mental

4- Paz espiritual

5- O que fazer com o próprio sofrimento?

6- Segredos da evolução

7- A verdadeira espititualidade

8- Vencendo a timidez

9- Eu e o silêncio

10- Eu e a segurança

11- Eu e o equilíbrio

LUIZ ANTONIO GASPARETTO EM CD

Títulos de fitas k7 que já se encontram em CD

- Prosperidade
- Confrontando a ansiedade
- Confrontando a desilusão
- Confrontando a solidão
- Confrontando as críticas

LUIZ ANTONIO GASPARETTO

em vídeo

• SEXTO SENTIDO

Conheça neste vídeo um pouco
do mundo dos mestres da pintura,
que num momento de grande ternura
pela humanidade, resolveram voltar
para mostrar que existe vida além da vida,
através da mediunidade de Gasparetto.

• MACHU PICCHU

Visite com Gasparetto a
cidade perdida dos Incas.

• série VÍDEO & CONSCIÊNCIA

Com muita alegria e arte, Gasparetto
leva até você, numa visão metafísica,
temas que lhe darão a oportunidade de
se conhecer melhor:

O MUNDO DAS AMEBAS
JOGOS DE AUTO-TORTURA
POR DENTRO E POR FORA

ESPAÇO VIDA & CONSCIÊNCIA

Acreditamos que há em você muito mais condições de cuidar de si mesmo do que você possa imaginar, e que seu destino depende de como você usa os potenciais que tem.

Por isso, através de PALESTRAS, CURSOS-SHOW e BODY WORKS, GASPARETTO propõe dentro de uma visão espiritualista moderna, com métodos simples e práticos, mostrar como é fácil ser feliz e produzir um padrão de vida superior ao que você tem. Faz parte também da programação, o projeto VIDA e CONSCIÊNCIA. Este curso é realizado há mais de 15 anos com absoluto sucesso. Composto de 8 aulas, tem por objetivo iniciá-lo no aprendizado de conhecimentos e técnicas que façam de você o seu próprio terapeuta.

Participe conosco desses encontros onde, num clima de descontração e bom humor, aprenderemos juntos a atrair a prosperidade e a paz interior.

Maiores informações:

Rua Salvador Simões, 444 • Ipiranga • São Paulo • SP

CEP 04276-000 • Fone Fax: (0_ _ 11) 5063-2150

Gasparetto

EDITORA e GRÁFICA
VIDA & CONSCIÊNCIA

INFORMAÇÕES E VENDAS:

Rua Santo Irineu, 170
Saúde • CEP 04127-120
São Paulo • SP • Brasil
✆: (0_ _11) 5574-5688 / 5549-8344
FAX: (0_ _11) 5571-9870 / 5575-4378
e-mail: gasparetto@snet.com.br
site: www.gasparetto.com.br